平将門と天慶の乱

乃至政彦

講談社現代新書
2520

はじめに

平《たいらの》 将門《まさかど》――。たとえ日本の歴史教科書から武田信玄や坂本龍馬の名が消えたとしても、彼の名だけは消されないだろう。なぜなら、平安時代の坂東《ばんどう》で、すべての国司《こくし》を追い払い、「新皇《しんのう》」に就いて朝廷に刃向かった唯一無二の人物だからだ。

だが、その実像はほとんどブラックホールのように謎である。わからないことが多すぎるのだ。将門の争乱を詳述する史料に『将門記《まさかどき》』がある。しかしその作者は不明で、執筆意図も明らかにされていない。当時の坂東情勢はよくわからず、将門が新皇を称した理由も定説がない。死後に生じた怨霊譚も不可解なものばかりである。

しかしブラックホールの謎を解けば、宇宙の解像度が大きく上がるだろう。将門を覆う闇を取り払えば、日本史を覆う闇もいくらか取り払えるのではないだろうか。

なぜ皇室は不滅の王朝となったのか？　武士はどこから生まれたのか？　日本に軍記文学が広まった背景は？　これら日本史のマクロな謎と向き合うには、細部から見ていくべきだろう。

そのためにもまずは将門に会ってみなければなるまい。

風の先の将門塚

平成三〇年（二〇一八）三月二九日、晴天。桜満開の頃、東京・大手町の超高層ビル群の合間を訪れた。そこに小さく構える霊場が「将門塚《まさかどづか》」である。天慶《てんぎょう》三年（九四〇）二月一三日、矢戦の最中に突然の強風に見舞われた将門は窮地に立たされ、戦死したという。この日も風を強く感じた。

将門には御霊《ごりょう》伝説があって、疎かに接すると祟られるといわれている。歴史家のなかにも呼び捨てを避け、「将門公」と敬称を添える人がいるほどである。将門の威名は千年のときを経てもなお、不穏な気配を呼ぶらしい。

将門はその武威でもって坂東を従わせると、新皇の名乗りを得て、京都の朝廷と争った。そして非業の最期を遂げると梟首《きょうしゅ》され、この地に埋められたという。この地は〝首塚〟なのである。

将門塚　（千代田区大手町１−２−１）

それなのに、この清浄さはどうであろう。碑石に手を合わせる人々は、何を想っているのか黙して語らない。史蹟は森然たる静寂に支配されていた。畏怖の念を抱くと人は誰しも無口になる。すると、これは将門への恐怖が織りなす空間と見なければならないのだろうか。

おそらく、そうではない。そこに手を合わせる人々の面持ちはとても穏やかであった。将門も最初から祟り神だったわけではない。かれがまだ御霊ではなく、人間だった時代に想いを巡らせてみよう。

救世主なき一〇世紀の坂東

承平《じょうへい》七年（九三七）一一月、東国は霊峰富士の噴煙に包まれた。天地は荒れ、人心は平静を失った。

だが、戦禍の火種は死滅していなかった――。

富士の噴火が起こる前、下総国《しもうさのくに》豊田郡《とよだぐん》（いまの茨城県常総市・下妻市・結城郡八千代町あたり）が他国の軍勢に蹂躙された。人家を焼かれ、女子供も攫《さら》われた。

富士の山から流れる溶岩流は強い熱気を放ちながら、麓《ふもと》にある湖水を埋めていく。郷里を逐われた若き武夫《もののふ》も溶岩流のように、潜伏先で憤怒の闘志を煮えたぎらせていた。

その武夫の名を平将門という。

大地の振動は、かれに逆襲を促す天の声のようであった。それは坂東をさらなる絶望へ突き落とす悲劇への誘《いざな》いでもあった。

兵から皇になった将門と、兵から侍になった武士

もともと平将門は一介の「兵《つわもの》」に過ぎなかった。吼えるように名乗り揚げ、剣を手にして駒音《こまおと》を響かせた。しかも向かうところ敵なし。数倍どころか一〇倍以上の敵を撃ち破ることもあった。

昨今、その雄姿は「侍《さむらい》（武士）」の原型のように語られることも多い。しかし実際はどうだろうか。将門は兵から「皇《おう》」になった男だが、「侍」のモデルになったわけではない。どちらかというと「侍」の原型は、むしろ将門を討伐した兵たちの側にこそ認められる。

かれらは中央から派遣された将官ではなく、地方出身の在野兵であった。坂東の藤原秀郷《ふじわらのひでさと》と平貞盛《さだもり》は、将門を破った武功を認められ、従四位下に叙された。従五位下より上は、貴族である。こうして軍事貴族としての基盤を確立した坂東の兵たちは「侍」の時代を築き上げていく。

兵から侍になったかれらは武家社会を興し、政権を運営する側に回っていった。大国の

政権を差配する身になれば、権力者は合理的に最上の地位を求めるのが常道である。世界史を見ても兵から皇になった例は多い。だが、侍は誰ひとりとして帝王になろうとはしなかった。

鎌倉幕府を築いた源頼朝、南北朝時代を終わらせた足利義満、三職推任を打診された織田信長、天下一統を成し遂げた豊臣秀吉——。いずれも時代が認める改革者であったにも拘らず、古い王朝を改めて至上の身に昇ることを望まなかったのである。

その理由は将門という先例が、侍の深層意識にあったためだろう。

将門は武力をもって新しい王朝を築き、帝位を称した唯一無二の男である。新皇の即位と敗死は、その後の日本に〝武士の誕生〟と〝皇室の永続〟を運命づけさせた。

皇にならなかった兵たちは、京都の朝廷に従い、坂東の新皇を打倒することで侍となり、新たにその身を立てた。

勝ち残った侍たちにとって、戦える王の記憶は、ただ深い絶望と苦痛を残すばかりであった。かれらは実力で帝王になった兵の末路を、誰よりもよく知っていた。

だから政権を握った侍たちは、あくまで京都の朝廷に従う立場であることにこだわり、自ら帝位に就きたいとは思わなかったのである。

霊場に祈りを捧げる

わたしが将門塚を訪れたのは、祈りを捧げるためである。家族や友人が「将門公の本を書くなら、祟られないよう参っておけ」と強く勧めてきたのもあるが、それとは別に将門へ伝えたいことがあった。

将門塚は二〇二〇年竣工予定の「OH－1計画」のため、入り口以外の三方向がいずれも工事中だった。

遠目からは風の中を高層部で、作業員が軽妙に動いているのがよく見えた。将門塚の上側には鉄筋の天蓋ケースが設けられ、工事ビルとの間隔には堅固な防護ケースが張り巡らされていた。周辺から落下物があっても事故が起こらないよう十分配慮されている。

将門塚には都会の喧騒を祓う浄らかさがあった。新鮮な献花が綺麗に飾られていて、オカルトマニアに煽られるような禍々しさは、少しもなかった。お参りをする年配の方々も穏やかであった。

齢六〇ぐらいであろうか。ひとりの紳士が碑石に片膝をついて手を合わせていた。紳士は来訪者がくれば場を譲っていた。来訪者が去れば、紳士はまた片膝をつき、首塚と正対して手を合わせていた。この紳士が何を祈り、何を語らっているのかが、にわかながら気になった。

だが、声をかけようとは思わなかった。人の気持ちは告白した瞬間、別の物に変じてしまうことがある。瞑目する紳士の姿は、余人が触れることなく、そのままでいてもらうほうがいいだろう。

わたしは将門塚を去ったあと、その足で近くの飲食店に向かった。

将門の祟りを招くもの

その飲食店は将門塚の向かい側にあった。正午が近かったので、座席も徐々に埋まりかけていた。

手頃な座席についてメニューを手にしたとき、ふと気がついた。わたしはいま、将門塚に背を向けて座っているらしい。スマートフォンで地図を開いて現在地を確認すると、直感は当たっていた。

一抹の申し訳なさを覚えたが、恐怖や不安は浮かび上がらなかった。わたしはどちらかというと少し迷信深い。血液型判断や星座占いも割と気になる性質である。しかしこのとき、こんな細かいことに立腹する神霊がどこの世にあるだろうかと考えていた。

いまそれは確信に近づいている。将門が現代人を祟る動機など何もない。読み進めれば諸兄姉も同意してくれるだろう。将門はわれわれを祟らない。むしろわれわれの怯懦《きょうだ》が将門を崇っているのである。

さあ、共に勇気を振り絞り、神か鬼か人なのかすら定かでない男の蘇生に立ち会って貰いたい。

目次

第二章　遺領が招いた争族

第三章　平良兼・良正の襲撃と源護の策謀

第四章　追捕使・将門の勇躍と逆襲

第五章　坂東独立の風雲

郷について／藤原秀郷・平貞盛、官軍として起つ／【将門の合戦11】岩舟前哨戦／【将門の合戦12】川口村合戦／貞盛の初勝利と国家防衛論／空手形の募兵から一所懸命へ／将門の作戦と貞盛の作戦／【将門の合戦13】猿島郡北山合戦／新皇の戦死／残党狩りと論功行賞／運ばれてきた将門の首／将門兄弟と伴類の追捕／首謀者とされた興世王と藤原玄茂／誰が新皇を殺したのか／将門の死を初めて伝えた人物／将門の遺領を得た平良文／将門の背後にいた人物／『将門記』の作者が守りたかったもの

第八章　敗者の声と勝者の宴　271

英雄なき勝利のあと／将門の冥界消息／『三宝絵詞』『僧妙達蘇生注記』の将門／藤原秀郷について／源経基について／平貞盛について（貞盛のそのあと［一］：法師のために盗人を射殺す／貞盛のそのあと［二］：身勝手な理由で殺戮を繰り返す）／白い貞盛と黒い貞盛／初めから終わりまで武士のモラルを示した男（貞盛のそのあと［三］：妾を寝取られる）／貞盛の弟・繁盛について／平良文について／作られた英雄譚／新王朝の滅亡と武士の勃興／「侍」になった兵と、「皇」になった兵の違い／永続する朝廷と将門への鎮魂

終　章　神田明神と将門塚の興起　291

なぜ神田明神と将門塚が都内にあるのか／定説なき史蹟の起源／諸説ある神田明神の由緒と祭神／将門が江戸で祀られた三つの理由（①【疫病流行による合祀説】／②

本書では『将門記』だけでなく複数の史料を用いた。古文は平易な口語訳を施した。それぞれ出典を記すので、原文を当たるときに参考とされたい。『将門記』は最寄りの図書館やインターネットに原文を確かめられるので、ぜひ一読されたい。本文中（菱田二〇一二）等とあるのは、文献の著者名と刊行年を記すもので、巻末の主要参考資料に対応している。

序章　怨霊伝説を検証する

将門の怨霊譚

都内の神田明神《かんだみようじん》と将門塚には、将門の怨霊譚（御霊伝説）が複数伝わっており、人々が将門を恐れる一因となっている。しかし、わたしはどれも牽強付会のこじつけで、決してわれわれを祟るようなことはないと確信している。

だから将門塚に手を合わせるときも、「あなたのことを一冊の本にしますが、どうか祟らないでください」と懇請することなく、ただ、「そのご遺徳を正しく伝えられるようお導きください」という趣旨の願いを捧げた。わが祈りがどこまで通じたかは、本書を読み通すことで皆さんに判定してもらいたいところである。

序章ではウォーミングアップとして、いまもなお広く流布している、将門にまつわる怨霊譚の真偽を見てもらおう。

将門の怨霊譚には前近代から伝わるものと、近現代になって成立したものがある。そのうち代表的なものを五点ばかり取り上げ、それぞれ中世までのⒶⒷと近現代①②③に分類した。これらの真偽をひとつずつ検証していくが、それを一覧にまとめたのが、次の表である。

このうちⒶとⒷは、都内の二大将門史蹟（神田明神と将門塚）に将門が祀られた由緒に関わる話だが、どちらも将門死後すぐではなく、将門が亡くなって六〇〇～七〇〇年経った一

時代	分類	場所	内容
中世	Ⓐ 生首伝説	将門塚	天慶3年（940）、討ち取られた将門は生首だけになってもなお、しばらく生き続け、合戦を望む声をあげて人々を恐れさせた
	Ⓑ 300年の呪い	将門塚	死後、首だけで武蔵国豊島郡江戸に飛来して、徳治2年（1307）に眞教上人が供養するまで周辺地に祟りをもたらし続けた
近現代	① 雨師風伯の招来	神田明神	明治7年（1874）、祭神を神田明神の本社から別社に遷座されたのを怒った将門が、雨師風伯を招来して同17年（1884）の例祭を暴風雨で中止させた
	② 大蔵省の怪 （その1、その2）	将門塚	大正12年（1923）、関東大震災によって崩れた将門塚を大蔵省が更地にして仮庁舎を建てると、職員に死傷者が続出した（その1）。さらに将門の没年から千年目の昭和15年（1940）、落雷による出火が原因で大蔵省の諸施設が全焼した（その2）
	③ モーター プール事件	将門塚	戦後、進駐したGHQが将門塚を壊して駐車場にしようとすると、作業にあたっていたブルドーザーが横転して、運転手が死亡した

将門の怨霊譚一覧

六世紀末から一七世紀初頭に浸透した伝説である。現在、これを信じる人は少ないと思われる。

だが、①②③の伝説は、将門の摂社遷座以来のことで、時代が近いこともあり、いまもなお将門が怨霊として恐れられる要因になっている。

神田明神と将門塚の起源に関わるⒶとⒷについてはごく簡単に触れるにとどめ（結論は終章で出す）、本章では近現代に発生した①②③の実否に迫ってみることにしたい。

将門首塚の由来

中世の将門怨霊譚

ⒶⒷの怨霊譚は、将門塚と神田明神の起源と密接な成り立ちを持っている。

まず、Ⓐである。戦死した将門は首だけになってもまだ「合戦しよう」と声をかけて人々を恐れさせた。この首を埋めたのが将門塚だという。

ついでⒷである。将門塚の立て札によれば、怨霊は埋葬された後も周辺に災いをなしていた。徳治《とくじ》二年（一三〇七）、事情を聞いた通りがかりの眞教《しんきょう》上人が現地に供養塔を建て、その祟りを鎮めたという。

この地はもともと神田明神の前身とされる「古祠」の境内だったともいうが定かではない。その後、一六世紀後半に徳川家康が関東入部し、江戸城を増築するとき、城内に神社があるのは畏れ多いと考えて、神田明神だけ他所に移すこととした。以来、将門塚と神田明神は現在のように分離することになった。

徳川時代に関東一帯の人口が増加すると、神田明神の氏子と参拝客も増加して、神田の御祭礼（神田祭り）は「天下祭り」の様相を呈するようになった。

ところが王政復古の明治時代になると、これに危難が訪れる。元朝敵の将門を祭神から外す気運が高まったのである。問題は将門の神霊を別社に遷座することで落着したが、氏子たちは失望の色を隠さなかった。

この頃から近現代の将門怨霊譚が増産されることとなる。

近現代の怨霊譚

次に近現代における神田明神と将門塚の怨霊譚①②③を順番に紹介していこう。

①雨師風伯の招来

最初は①「雨師風伯《うしふうはく》の招来」（「将門台風《まさかどたいふう》」とも）事件である。この神田明神の例祭中止事件は、民俗学者の松崎憲三氏による伝承研究に触れられるほど有名である（松崎一九九五）。

明治七年（一八七四）八月、神田明神本社に祀られていた将門神霊が別社に遷座された。

維新後「朝敵論」が昂ぶり、「天皇さまのおわす帝都で、逆臣を庶民が信仰する場があるなどもってのほかだ」と息巻く声が大きくなったので、将門の神霊廃止を避けるべく、「せめて別社にお移りいただくことにしたい」と東京都に提案して、将門の祭祀を守ったためだ。

この態度を弱腰と見た氏子たちは神田明神への参詣を控えた。大変な賑わいを見せていた九月の御祭礼もなくなり、境内も閑散としていく。

それから一〇年後（一八八四）、氏子たちが久しぶりにやる気を見せた。神田明神のみそぎも済んだと考えたのか、御祭礼の復活を企画したのである。大金をかき集め、準備を入念に整え、大きく盛り上げようとした。ただし将門の名前を冠しないものとされた。

ところが御祭礼前日である九月一四日の夜、未曾有の暴風雨が関東を襲った。台風は翌日より紀伊半島に上陸すると、東海・関東・東北南部へと突き進み、宮城県・金華山《きんかざん》沖に抜けていった。都内一帯は「家も蔵も森も林も平等一切吹倒《ふきたお》」すほどの被害を受けた。このため、九月一五日の御祭礼は中止となった。

古老はこの大嵐を将門の怒りだと語った。将門は別社に遷座されたことを恨み、いつか目に物見せてくれようと思っていたので、自身の名を捨てた御例祭の復活に憤怒し、「日本八十余州より数多の雨師風伯」の神々を招来し、すべてを破壊せしめたのだという（明治一七年九月一六日付『時事新報』）。

すべては将門の祟りだと噂され、御祭礼は五月に移されることとなった。これが近現代における将門怨霊譚の初発である。

なお、将門の神霊が祭神に戻ったのは、それから一〇〇年以上あとの昭和五九年（一九八四）のことである。

平将門の塚　明治40年『平将門故蹟考』に掲載されている。「高さおよそ二十尺［約6メートル］、周囲十五間［約27メートル］」を誇ったが、震災で失われた（国立国会図書館蔵）

②大蔵省の怪

次に紹介するのは、将門塚の祟り話だが、こちらは「その一」と「その二」に分けられる。まずは「大蔵省の怪・その一」である。

将門の首塚は、皇居東御苑近くの大手町にある。維新後は山口藩出張所および公議所となり、明治四年（一八七一）八月、大蔵省の敷地に取り込まれた。このとき、同地に「故蹟保存碑」が建てられた。

だが、大正一二年（一九二三）九月一日午前一一時五八分に関東大震災が起こった。マグニチュード7・9の被害を受けた都内一帯は、目を覆うばかりの凄惨な姿を晒した。将門塚のある大手町も焦土と化し、これから帝都の復興を担わなければならない大蔵省もまたその庁舎を倒壊させていた。

混乱が落ち着き始めると、地形と史蹟の無事が調査された。その際、大蔵省の敷地内にある将門塚も調査対象となった。

一一月、工学博士の大熊喜邦《おおくまよしくに》が、塚の中に長方形の小さな石室があるのを見つけた。早速、発掘してみたところ、石室の中から出てきたのは近世の陶片や瓦ばかりで、将門時代のものは何も見つからなかったという。塚は五世紀頃に造られた小型の古墳、または前方後円墳と比定され、すでに盗掘済みであることも指摘された。こうして将門との関係は何も見出せないことが確認された。

調査後、将門の首塚はすぐ更地にされた。大蔵省の仮庁舎を建てるためである。塚は天災によってもとの形状を留めておらず、しかも学術調査によって言い伝えが否定されたため、原型に戻す理由は何もなかったからである。石棺のあった場所には、主計局のバラックが建てられた（昭和三年三月一五日付『報知新聞』）。

ところが、ここで不吉な事件が連続して起こった。

大正一五年（一九二六）九月、大蔵大臣早速整爾《はやみせいじ》が病死した。享年五七。ついで昭和二年（一九二七）五月、管財局の工務部長矢橋賢吉《やばしけんきち》が病死した。享年五七。その後も関係者の急死が相次ぐ。わずか二年のうちに「十数人が現職のまゝ」立て続けに亡くなったという。

事態を深刻に受け止めた役人たちは「将門の怨霊のせいらしい」と語り合った（昭和三年三月二七日付『東京朝日新聞』夕刊）。

事態を重く見た、ときの大蔵大臣三土忠造《みつちちゆうぞう》は、翌年三月二七日午後四時、庁舎の第二食堂に神田明神の社司平田盛胤《ひらたもりたね》を招き、おごそかな鎮魂祭を執り行わせた。日本の公的機関が将門を初めて怨霊と認めた瞬間である。

だが、その後も大蔵省は災厄に見舞われた。将門の死からちょうど千年目にあたる昭和一五年（一九四〇）六月二〇日、落雷による逓信《ていしん》省航空局の出火があり、それが大蔵省の新庁舎に燃え移って全焼させたのだ。同年、大蔵大臣河田烈《かわだいさお》は千年目の将門鎮魂祭を催した。

このときの碑石がいまも将門塚に残されている。

③モータープール事件

ところが事件はこれで終わらない。第二次世界大戦後、将門塚に深刻な危難が迫った。アメリカの進駐軍が空襲で焼け野原と化した将門塚をモータープール（軍用駐車場）にしようとしたのだ。工事を担当したのは日本人の業者だった。ここで悲劇が起こる。ブルドーザーが将門塚に迫ったとき、横転する事故が起こって運転手が亡くなったのだ。

話を聞いた神田町町内会の会長・遠藤政蔵は、日比谷のマッカーサー司令部まで出向すると、将門塚を「昔の大酋長の墓」であると説明して、工事の中止を要請した。進駐軍は計画を取りやめ、将門塚は史蹟として保存されることになった。

それ以降、将門塚に関するセンセーショナルな祟りは特に伝わらないが、インターネットの電子百科事典やSNS情報では、その後も周辺の企業ビルが将門塚に背を向けないよう事務所内のテーブルや椅子の配置に気を遣っていることが流布されている。

確かに周辺ビルの工事状況（OH－1計画）を見る限り、いまもなお人々が最大限の注意を払っているのは事実である。

伝説の真偽を検証する

これらの伝説が将門を〝恐ろしい怨霊〟とする視点を支え続けている。

おそらく今後も新たにそれらしい不幸があれば、伝説のひとつに加えられていくだろう。たとえば、将門の本を書いたわたしが不慮の事故や不幸に遭遇すれば、怨霊絡みの話にされて面白おかしく語り継がれるに違いない。だが、将門は無罪だといまここで述べておきたい。

怨霊譚が広まった背景のひとつとして、将門塚や神田明神を保護する人々の間に「足利三代木像梟首事件」（幕末期に足利尊氏らの木像が破壊された事件）のような悲劇を繰り返したくないという想いがあったことも想像に難くない。怨霊譚は史蹟を守るための方便になる。

だが、朝敵論から史蹟破壊が横行する時代は、すでに過去のものであろう。わざわざ怨霊譚を強調しなくても、史蹟に危害を加える不埒な輩《やから》は現れないと思われる。

この先、怨霊譚の真偽を再検証していくが、これまでの伝説とどう付き合っていくかは皆さんに考えてもらいたい。

①「雨師風伯の招来」は諭吉一流のジョークだった

一番目に紹介した「雨師風伯の招来」事件は、概要だけ抜き出せば、近現代における怨霊譚の嚆矢に見えてしまう。

ところが当時の文献を読み返すと、実のところ怪談らしさはまったくない。それどころか、地元の古老の弁を依《よ》り代《しろ》に使った陽気な時事風刺となっていて、一種の爽快感すら覚

将門様の御立腹［漫言］

［前略］この雨風には神の力も及ばぬ事か、雨師風伯と明神様と孰れか尊き、其尊き明神様が此通り丸負けとは是には何か様子のありそうな事と云ふ傍より、神田八丁堀っ栃面屋の弥次郎老人が大声にて、あるともあるとも大有りでござるは、抑も神田明神と称するは、誰あらう、平の将門を崇め奉りしものなりしを、明治の初年、朝敵論の喧しき際、ヨセバよいのに神田明神の神礼に迄難癖をくッ付け、将門様は末社に御牢舎、其代りの神礼には遥々常陸国鹿島郡礒浜村大洗の浜辺より大己貴命を迎へ来りて、相替らず神田明神と勧請し奉りたり、ソコデ先主人将門様は大立腹、己左捻ぢの素町人めら、我三百年鎮守の旧恩を忘れ、将門は朝敵ゆゑに神殿に上ぼすべからずなどゝて、末社に追退けたるこそ奇怪なれ、ヨシヨシ今にもあれ、目に物見せて呉んずと、時節を待つ甲斐もなく、隔年の祭礼は申訳計りの子供だまし、神力を費す程の直打もなかりしに、今日といふ今日こそは、大江戸の昔に劣らぬ大祭礼、待設けたる将門様は、時こそ来れりとて日本八十余州より数多の雨師風伯を駆り催し、大事の大事の十四日の宵宮よりして八百八町を荒れ廻はりて、折角の御祭りをメチャメチャに致されたるなり、一寸の蟲に五分の魂あり、況や将門大明神様をや、ウカウカ朝敵喚はりして跡で後悔し玉ふなと、理屈交りの御祭り論に、流石は栃面屋の大先生とて大評判なりと、荒らしも未だ果ぬ間に、神田からの投書如件。

［九月十六日］

（時事新報論集［三］明治一七年／『福沢諭吉全集』第一〇巻）

えさせられるのだ。

　ここで実際に先に一部のみ抜粋した『時事新報』の本文を見てみよう。読みやすい文章なので、原文のまま掲出するが、すぐあとに要約を記すから、面倒だと思う方は読み飛ばしてくれて構わない。

　要約すると、「今回は『雨師風伯』の暴風雨と『神田明神』の御祭礼が勝負する格好になったが、なぜ明神が負けたのか、理由はあるのか」という声に、現地の老人が「大ありだよ」と将門の名前を挙げた。神田明神が祭神の将門を主神から外したので、将門がお怒りになって、雨師風伯を動かしたというのだ。ざっとこういう話を、庶民向けの文章で面白おかしく書いたのがこの記事である。

　いかにも躍動する文章で、扇子で膝を打ちながら朗らかに喋る和装の弁士を思わせる。古き良き時代の長閑《のどか》さがあるといっていいだろう。

　この「漫言」を担当したのは、福沢諭吉である。諭吉は「幼少の時から神様が怖いだの仏様が有難いだの云ふことは一寸《ちよい》ともない、卜筮呪詛《うらないまじない》一切不信仰で狐狸《きつねたぬき》が付くと云ふやうなことは初めから馬鹿にして少しも信じない」と語るほどオカルトを軽蔑していた（『福翁自伝』）。

　記事に登場する「弥次郎老人」は、見出しに「漫言」の二文字を銘打っていることからも推察される通り、諭吉の話術を支えるためのキャラクターである。

こんな他愛のない笑い話も一部だけ切り取って、演出を変えて語り直せば、怨霊譚の情報源として作用するのだ。

ところで一五日の神田祭は中止になったが、翌一六日には「滞りなく祭りが行われ、この時の遺っている古写真には、洋傘（日傘）をさした観衆が映り込んでいる」という（山瀬二〇一七）。「将門台風」は祭りを完全中止には追い込んでいない。

しかも神田祭はこの将門台風が原因で五月に移されたといわれているが、実際日取りが変わったのは八年後に流行病があったためで、これも将門は一切関係ないのである。

さて、怨霊譚のひとつをもとの笑い話に戻したところで、②の「大蔵省の怪」に進みたい。

②「大蔵省の怪」は後付けの恐怖話だった

先に紹介した「大蔵省の怪」事件は、財務省の外局である国税庁のホームページに「大手町の首塚」と題して現在も紹介されるほど有名である（「税の歴史クイズ」）。わが国は怨霊譚を公式媒体で発信するほど、「祟り」を重く見ているのだ。ここではこの事件を時系列に並べて整理・検証することで、その真偽を見極めていきたい。

はじめに大蔵大臣・早速整爾の死について見てみよう。結論からいうと、大臣の死は将門と何の関係もない病死だと断じることができる。

将門塚が更地にされたのは、震災のあった大正一二年（一九二三）一一月である。だが、早速整爾が第二六代大蔵大臣に就任したのは、それから三年もあとの同一五年（一九二六）六月三日であった。そして同年九月に早速大臣は病死する。

両者に何の因果関係があるだろうか。震災のときに将門塚の更地化を認めた大蔵大臣は、井上準之助である。井上は昭和四年（一九二九）に、再び大蔵大臣に就任し、昭和七年（一九三二）に亡くなった。この井上が祟りを受けたという話は特にない。また、更地化の原因を作ったのは将門塚を調査した工学博士の大熊喜邦かもしれないが、博士も祟りを受けた形跡などなく、その後も多数の学術論文を著しておられる。

これに比して早速は将門塚が更地化されてから三年もあとに大蔵大臣となったに過ぎない。しかも当時の『讀賣新聞』は、その死を「安らかな大往生」と伝えている（大正一五年九月一四日付）。早速大臣の病死を将門の祟りというのは、無理のある後付け設定なのである。

また、この頃に大蔵省の関係者が一四人ほど死亡して、足を怪我する職員も続出したという（『讀賣新聞』昭和三年三月二八日付）。

当時の大蔵省職員たちは急ごしらえの仮庁舎で、関東復興のために多忙を極めた。塚を平らげ、池を埋め立てた足場の悪い職場で激務が続けば、事故や不幸は——祟りなどと関係なく——起こりえる。

事態を憂慮する職員たちが不幸の原因を将門の祟りとすることに「衆議一致した」と『東京朝日新聞』は記すが、これは職場の内輪話を大新聞が報道したに過ぎない。当時の報道機関は殺人事件があれば、猟奇的な描写を行い、不貞事件があれば関係者の人格を徹底批判するのが常だった。スポーツ新聞やワイドショーのない時代もゴシップを求める需要があって、新聞は庶民の好奇心に応える媒体としても機能していたのである。過去のゴシップ記事を、現代のわれわれが〝祟りの実例〟と真に受けて怖がる必要はないだろう。

昭和前期の大蔵省職員は「馬鹿正直と言つていいくらい実直」で、「役所の仕事以外では何の義理もないお客をもてなす」のに「公金」を使う発想がなく、多くの私財を費やすほど大真面目であったという（足立一九五五）。かれらに重なった不幸は祟りを信じる前に、過労死の可能性を疑うべきではないだろうか。

役人の過労死はいつの時代にも見られる。たとえば享保《きようほう》一五年（一七三〇）、江戸の町奉行は、現職者の一八・九％の一六人が激務の果てに死去、うち半数の八人は就任から三年以内に死去しており、数年内でさらに一〇人が死去した（南二〇〇五）。平安貴族でも生活習慣病で健康を害した例が多い。たとえば藤原道長は業務過多が原因と思われる複数の成人病（眼病、胸病など）を患っていた。宮仕えは昔から激職だったのである。

話を戻すと、昭和三年（一九二八）の『報知新聞』は将門の鎮魂祭にとても冷ややかで、

「怖気づいた大蔵省が将門の亡霊大法会」と見出しをつけ、「大蔵省が国費を投じてお門違ひの法要をやらうといふには奇々怪々昭和怪談」と揶揄を交える批判を展開した（三月一五日付）。報道サイドが大蔵省を批判したいがため、鎮魂祭を口実に使ったのだ。報道する側も将門の祟りを本気で信じていなかったのであろう。

先述したように、昭和一五年（一九四〇）六月、大蔵省にもうひとつ大きな不幸が起こる。庁舎の全焼事件が起こったのだ。その後、河田烈大臣が千年忌の鎮魂祭を主催し、将門塚を史蹟として再興した。

だが、この災害の出火元は逓信省であり、大蔵省だけでなく厚生省、企画院、気象台も落雷によって焼失している。これらは当時オカルトを原因に語られた形跡がない。それなのに現代人が大蔵省の受難だけを抜き取り、将門の祟りのように語るのは付会が過ぎるだろう。大臣の病死も、職員の死傷も、落雷事件も、個別に見直していくと、すべて将門の怨霊と無関係だと言わざるを得ない。どれも個別の情報を都合よく結びつけて作った創作話だったのである。

③「モータープール事件」の根源

ラストは戦後に生まれた伝説の内実を見てみよう。これも国税庁の公式ウェブサイトに掲載されている説明文を引用する。

太平洋戦争後、米軍が塚を整地しようとした時にブルドーザー横転事故が起きて運転者が亡くなっています。

これがモータープール事件に対する現在の一般認識だろう。多くの書籍ならびにウェブサイトはこの事件を次のように描き出す。

——将門塚を破壊しようとするブルドーザーが横転して運転手が事故死した。このため、地元の人たちは進駐軍にここが古い王の墓所であることを伝え、工事を中止させた……。

この事件は年月日ならびに運転手の氏名も不明で、エビデンスを得られていないが、初出史料は突き止められている。昭和四三年（一九六八）に史蹟将門塚保存会が発行した『史蹟将門塚の記』である（平成二九年復刻。神田明神の休憩所で購入可能）。

しかし、その該当箇所を読んでみると、現在伝わっているものといささか内容が異なっている。同書の一九頁からその一部を引用しよう。

敗戦の結果、この焼跡に進駐してきたのがアメリカ軍で、焼け跡は忽ちブルトーザ《（ママ）》

ーで整地され、一大モータープールになり、首塚の礎石も焼土と共に片付けられるのは、一瞬の間に過ぎなかった。ところが、このブルトーザーを運転していた日本人が突然の事故で死亡した。見ると焼土の中に墓のやうなものがある

ここでは運転手の死因を国税庁の紹介する「横転」事故とは特定していない。事故の様子はあくまで不明なのだ。ここで巷間に伝わる事件の内容は、あとからの潤色である可能性が見えてきた。

驚いた米軍は誰の墓かを探り始める。同書の続きを見てみよう。

不審に思って附近を訪ねて行きついたのが、神田鎌倉河岸に住居が焼け残っていた、土地の旧家遠藤政蔵氏（材木商・町会長）のところであった。事情を知った人びとはさっそく米軍の隊長に話をし、さらにマッカーサー司令部に出頭して陳情を重ねた結果、昔の大酋長の墓ということで理解を得、危く塚前五十糎《センチ》のところでモータープールを阻止することに成功した。

すでにお気づきになられたかもしれないが、『史蹟将門塚の記』は、この事件を「祟り」

として扱っていない。米軍は恐怖からではなく配慮から動いたのだろう。

このあと同書は「もし運転手に事故がなかったなら、また不審に思って遠藤家を訪ねることがなかったら、首塚は既に消滅するところであって、将門公の霊異《れいい》いまだ衰えずと人びとを恐懼《きょうく》させた」と結んでいる。

つまり、この話はもともと怨霊譚を煽るものではなく、偶然に偶然が重なって、史蹟の保存につながる不思議さを伝えるものだったのだ。だが、「史蹟保存」の伝承は語り継がれていくうち、例によって面白おかしく再編され、「怨霊譚」へと曲げられていったのである。

昭和末期まで怨霊は眠っていた

これまで見てきたように、かつて将門を怨霊と見る空気はそれほど強いものではなかった。その証左として、昭和五一年（一九七六）には将門が主人公のNHK大河ドラマ『風と雲と虹と』（原作：海音寺《かいおんじ》潮五郎《ちょうごろう》『平将門』『海と風と虹と』）が平均視聴率二四％の人気を博している。加藤剛が人間味あふれる理想家の将門を演じ、大きな反響を呼んだ。将門は恐ろしい怨霊ではなく、悲劇の勇将として親しまれていたのだ。

また、昭和六二年（一九八七）五月一九日付の朝日新聞夕刊が、将門の祭神復活をしらせる記事で「おシリ向けてシツレイ」と見出しを付けて、次の証言を記している。

十年ほど前までは、周辺の会社で「首塚にしりや背中を向けて座るとたたりで病気になったり、左遷されたりする」といった話も伝えられ、窓に向かうように机を置いていた会社もあったほど。だが、近年は、さすがに、そうした話は消えた。

文章の調子から見て、記者は将門の怨霊譚を深刻視していない。周辺企業も迷信に向き合う気もなさそうである。同記事は、日本長期信用銀行・三井物産・三和銀行から、将門塚に遠慮して机の配置を定めたりしていないとの所信を引き出している。怨霊譚など誰もリアルに受け止めていなかったのだ。

将門の祭神復活に際して、取材を受けた神田明神は「将門さんのことだから」と、気前よく募金に応じる企業が多く、目標の八〇〇〇万円を大きく超える二億近くの浄財が集まったと答えている。この記事からも昭和六二年の将門が、怨霊として恐れられる存在ではなく、氏神様として敬われ、親しまれていたことがわかる。

映画『帝都物語』の将門インパクト

昭和後期まで将門は関連地域で祭神として敬愛されていた。しかし昭和六三年(一九八八)、こうした世間の印象を一変させる作品が現れる。怨霊譚にクローズアップする娯楽巨編『帝都物語』が公開されたのだ。

このオカルト映画は既存の怨霊譚を広域に拡散せしめた。それまで大河ドラマの主人公になるほど人間的に見られていた〝悲劇の英雄〟を〝禍々しい祟り神〟にイメージ転換させたのである。

この映画は関東大震災の原因を将門とする大胆な設定を打ち出した。撮影協力に神田明神もクレジットされ、大きな話題を集めた。映像はホラー色が強く、ショッキングでグロテスクなシーンも多い。

当時、中学生だったわたしは本編こそ観なかったが、宣伝や世評を頻繁に見聞きして、強い恐怖心を植えつけられた。このとき将門への恐怖を刷り込まれた人は多いだろう。

将門の怨霊譚はこの前年まで重く見られていなかったが、これで深刻視する土壌が築かれた。以降、歴史番組が扱うときは怨霊譚から取り上げられ、スタジオゲストたちも神妙な面持ちを見せるようになった。すべては『帝都物語』が怨霊譚を拡散したためである。

恐怖の怨霊から悲劇の英雄になった例

大乱を起こして非業《ひごう》の死を遂げた歴史人物は将門だけではない。たとえば、石田三成の例がある。

三成は処刑されてしばらくの間、奥州・下野《しもつけ》・会津の地で、人々にひどく恐れられたことが、徳川初期の『当代記』や『道中日記』に記されている（今福二〇一四）。

三成は美濃国関ヶ原で敗戦し、京都において斬首された人物である。だが、当時の記録では何者かがその霊魂を東国へと運び、天変地異を起こして祟りをなしたとされている。

現在、三成を〝悲劇の英雄〟または〝野心家の叛臣〟として語る人はいても、〝禍々しい祟り神〟として怖がる人はいない。三成は怨霊から人間に戻ったのだ。将門もまた人間として見直されて然るべきである。

将門という記憶を取り戻す

かつて日本人が将門に対して持っていた親しみの記憶は、すっかり遠ざかってしまった。怨霊が苦しめていたのは、われわれではなく、むしろ将門その人だったといえまいか。

序章では主要な怨霊譚の打ち払いに努めたが、第一章からは将門の生きた時代へと移り、かれが息を吐き、足を踏みしめ、躍動する姿に肉迫してみよう。偉人の実像にできる限り近づいてみるのである。

我が願いが将門公のお耳に届いていれば、この先いくらかはその遺徳を正しく伝えるものとなっていよう。

第一章　蔭子・将門の少年期

公式記録だけではわからない将門の動向

天慶二年(九三九)一二月二七日、信濃国府から京都に「飛駅《ひえき》(急使)」の急報がもたらされた。

下総国豊田郡の武夫《もののふ》、平将門ならびに武蔵権守《ごんのかみ》・従五位下興世王《おきよおう》等を奉じて謀反し、東国を虜掠《りょりゃく》す。

(『日本紀略』)

このとき、平将門は京都から「謀反」の張本人と認識された。しかし、これだけではその背景を知ることができない。

将門がどのようにして謀反の首領となったのか、またなぜ武夫たちは将門と興世王を担ぎ上げたのか。これらの事情と経緯は、別の史料にあたらなければ、見えてこない。

われわれの疑問に答え得る史料がひとつだけ現存する。

一冊の軍記である。

写本しか残っていない一級史料『将門記』

平将門およびその反乱を研究するとき、もっとも重要な史料は、軍記『将門記』である。将門の動向を克明に伝える史料は、これ一冊だけである。しかも残念なことに原本はすでに失われ、現存する写本には冒頭部分が欠けている。その作者もまた不明である。

将門が生きた時代は、正史の編纂事業が絶えて久しく、公家が日記を書く習慣もなかった。もし『将門記』が何者かによって書かれていなかったら、われわれは将門が「新皇」を称したことすら知らなかったかもしれない（ほかの史料に「新皇」の記述がないため）。

平安時代ならびに将門の研究者から高い史料価値を認められる『将門記』だが、誰が何のために書いたのか、何もわかっていない。『将門記』という書題ですら、徳川時代の寛政《かんせい》一一年（一七九九）に植松有信《うえまつありのぶ》の木版本で仮設され、定着したタイトルに過ぎないのである。

成立年は、本文の最後に「天慶三年（九四〇）六月中、文を記す」とある。しかしこれを疑う論者も多く、これまで論争が重ねられてきた。ただし、いまは成立年がある程度まで絞られている。

成立年を絞る材料は、本文中に菅原道真《すがわらのみちざね》の官位を「正二位」と記しているところだ。道真は慰霊を目的として延喜《えんぎ》二三年（九二三）に正二位へ復され、正暦《しょうりゃく》四年（九九三）に正一位が贈られた。もし正暦四年以降の成立なら「正一位」と記されたはずなので、それより前の成立と考えられるという（福田二〇〇二）。

すると『将門記』は将門が亡くなった天慶三年（九四〇）二月から、あまり間を置かずに書かれた文献である公算が高い。同書の末尾にある通り、同年六月中が初稿の完成時期と見ていいのかもしれない。

復元を可能とする抄出文献『将門略記』と『歴代皇紀』

将門研究は写本の『将門記』を基礎文献とするほかないが、どれも冒頭部が欠けており、何の前置きもなく、承平五年（九三五）に将門が野本の地で合戦するシーンから書き進められている。それ以前の将門について、まったく説明がないため、合戦が勃発した理由がわからず、将門の前半生や年齢も不明である。このため、これらは根拠の低い伝聞や俗説にこと寄せて語られることが多かった。

とはいえ、手がかりがまったくないわけではない。まだ『将門記』の原本全文を読んで、亡失部分を抄出した文献が残されているのである。

その代表文献が『将門略記』（『将門記』の概略本）と『歴代皇紀』である。当時に近い時代に伝承を書き残した『今昔物語集』もある。それ以外では、編纂史料（『貞信公記』『外記日記』『日本紀略』など）が残存している。また、後世に書かれた系図類も参考にできる。

抄出文献によれば、若い頃の将門は京都で過ごしていた。それが何らかの理由で帰国したあと、父の遺領を巡って坂東で闘争を繰り返していたとされている。将門の生まれ年が何年で、いつから京都にいて、いつ帰国したのかを明記する史料はないが、推定材料がないわけではない。

これらを見ながら将門の前半生を探り、かれが激しい闘争に巻き込まれていく背景に迫ってみよう。

『将門記』の原本と作者について

反逆者である将門を主人公に据えた『将門記』は、その言動を詳細に記していることから、将門の陣営に属していた人物、または該当者たちに取材できる人物の手によるものとする説が根強い。

法話の色も濃いことから、坂東の僧侶が書いたとする説も広く支持されている。しかし、同書は中立的な視点ではなく、将門方の立場による文章も散見する。たとえば、「彼方《かなた》の上兵・他田真樹《おさだのさだむら》は矢にあたりて死に、此方《こなた》の上兵・文室好立《ふんやのよしたつ》は矢にあたるも生くるなり」と書いてある文章がある。「彼方」の真樹は将門の敵方で、「此方」の好立は将門方の指揮官であるから、文章の主観が将門の陣営にあることは明らかである。決して無関係な人物の筆による作品ではない。

ただし、『将門記』も将門の言動すべてを肯定しているわけではない。将門が新皇を名乗る前後あたりから、将門への批判姿勢が部分的に現れていく。

同書は日本初の軍記文学だが、漢文と和文を巧みに混合させて、中国古典に見える「燕丹《えんたん》」「養由《ようゆう》」「仲和《ちゅうわ》」「李陵《りりょう》」などの人物知識を前提としていることから、作者または編者に高度の作文能力があったことが認められる。

そして、将門が京都に書き送った書状を掲載していることと、京都の天皇や寺社の動向に詳しいことから、京都にあった文人貴族層が関わった可能性も指摘されている。具体的に、平将門の追捕を命じる太政官符を収載した『本朝文粋《ほんちょうもんずい》』の編纂者・藤原明衡《あきひら》を始めとする儒家文人の一門が制作グループに当たっていたとする説もある（鈴木二〇一二）。

ただし、当時の京都にある知識人は、坂東の情勢や人間に関心がほとんどなかったことに留意すべきだろう。畿内の文人貴族層が一個の反乱者に感情移入して、その事蹟を細かく取材したとは考えにくい。

たとえば、同時期に京都近くの瀬戸内海方面で暴威を振るった海賊・藤原純友《すみとも》に関して、『純友追討記《すみともついとうき》』（現在は失われ、部分が『扶桑略記《ふそうりゃくき》』に伝わる）という追討側の視点に立った記録があるが、『将門記』の将門描写と異なり、純友の言動や思考に言及するくだりがない。純友は無位無冠の将門と違って、もと伊予国司であるから、その心象は畿内の人々に想像されやすかったはずである。だが純友は感情移入も英雄視もされなかった。

反乱の張本人に敬意を払い、好意的に描く執筆姿勢には、かなりのアウェイ感があり、在京の文人貴族層が自発的に書き上げたものと見るのは困難と考えられる。

ここまで述べた『将門記』の特徴を整理すると、

①『将門記』は低い身分の人の筆によるものではない。
②新皇を名乗るまで、将門に対する視線は好意的である。
③将門方の内情に精通し、京都の情報もよく把握している。

ということが指摘できるだろう。

これら①②③を念頭に置いて『将門記』を読み進めれば、作者の推定が可能になるかもしれない。

さて、根本史料に関する前提知識を示したところで、将門の生きた時代に視線を転じていこう。

平安時代中期の様相

古代の日本が採用した律令制度は最新の統治体制であったが、そのモデルだった唐帝国は西暦九〇七年に滅びた。

滅ぼしたのは、節度使《せつどし》の朱全忠《しゅぜんちゅう》（八五二～九一二）である。節度使は、もともと辺境防衛のために置かれた武官であったが、治安維持のため内地にも置かれることになった。やがてかれらは地方組織の「藩鎮《はんちん》」として、民政と財政の権限を得て軍閥化した。なかには独立色を強め、「大王」を名乗るものまで現れた。こうした混乱期に反乱軍の一員から節度使になったのが朱全忠だった。

黄巣《こうそう》軍に加わって唐帝国に反乱していた全忠は早々に降参して、節度使に任じられた。出世コースに入ったかれは勢力基盤を固めると、再び反逆する。そして、ついには皇帝を弑殺《しいさつ》し、太子に帝位を譲らせた。国家を守るはずの節度使が国家に反逆して、体制を覆してしまったことは、東アジア全域を揺るがすほどの大事件であった。全忠は、幼帝に禅譲を強いて「唐」を滅ぼすと、「梁」の皇帝として君臨するに至った。

日本でも天平《てんぴょう》四年から六年（七三二～三四）まで軍団制の建て直しのため、節度使制を導入していたことがある。これはすぐに廃止されたものの、節度使の職掌自体は国司らが担うこととなった。

唐帝国の滅亡後、日本に節度使制が再導入されることはなかったが、国司の役職は依然として存在しており、その筆頭は「受領《ずりょう》」と呼ばれるようになった。受領は、任国の国庁（国衙《こくが》、国府とも。諸国の役所）にあってその統治と管理に携わるもので、選出にあたっては「字養百姓」（万民を慈しむ指導者）の精神が重視された。この体制下で受領になった人物に、菅原道真や紀貫之《きのつらゆき》といった知識人がいる。だが、それでも過分の貢納品を着服する受領はあとを絶たなかった。

受領の多くは「受領ハ倒ルル所ニ土ヲツカメ」というほど強欲な収奪者だったようだ（『今昔物語集』）。やがて律令制が限界に達して、中央政府の力が弱まると、受領は唐帝国の藩鎮同様、地方組織の長として、大きな権限が認められていくことになる。

任期の四年間、中央政府へ決められた貢納を果たせば、自由に裁量できるようになったのだ。特に一〇世紀前期、徴税と軍事の代行が認められ、その権限はさらに大きくなった。このため、自由裁量権を濫用して、人縁や私財の利益を得る者が増えていった。

かれら受領は中央から任命・派遣され、現地の古豪から取り立てた終身・世襲の郡司《ぐんじ》たちからの協力を得て、地方行政に携わっていた。受領のなかには郡司たちと縁組を行い、任期が終わるまで職権を活用して、現地に私的な田畠を拓き、任期が終わるとそこへ土着して、富豪領主となる者も多かった。

ある若者が生まれたのは、こんな時代の変わり目であった。

その名を平将門という。

年齢不明の将門

平将門の生年と出生地は、いまのところ不明である。

通説では、延喜三年（九〇三）に下総国相馬郡の「御厨《みくりや》」で生まれたとされている。だがこれらの基礎情報は『将門記』ではなく、はるか後年の徳川時代に出始めた説である。そもそも御厨は伊勢神宮の神領を示すが、この地が神宮の荘園となったのは永暦《えいりゃく》二年（一一六一）以降のことである。それまでこの地が御厨と呼ばれたことはない。『将門記』の将門も相馬郡ではなく同国の豊田郡を本拠地としているから、出生地は豊田郡と考えるべきだろう。

将門の生年を延喜三年とし、出生地を相馬郡御厨とする説を広めたのは清宮秀堅《せいみやひでかた》『成田参詣記』（一八五八）と織田完之《おだかんし》『平将門故蹟考』（一九〇七）である。両書は将門の没年を三八歳とし、出生地を相馬郡とした。それまで享年五一～九〇とされ、年齢未詳の扱いだった（村上二〇〇五）。

ちなみに将門を中世相馬氏の祖先とする説もあるが、相馬氏は平良文《よしぶみ》の子孫であり、将門とのつながりを過度に見るべきではない（岡田一九八二・二〇一五）。

生まれ年については、すでに幕末の有職家・栗原信充《くりはらのぶみつ》（一七九四〜一八七〇）以前の記録に典拠を見出せないと指摘されている（大森一九三七）。確かに信充の『日本外史正誤』［巻一］（一八六四）は「延喜十八九年（九一八〜九一九）の頃」、「将門十六七」だったと記すが、根拠は不明である。これが巷説の出どころと見ていいだろう。

では、実際の生まれ年はいつなのだろうか。ここで注目されたいのが、『将門記』に将門が「少年の日」に京都で藤原忠平《ただひら》に仕えていたことと、「蔭子《いんし》」出身だったと明記されていることである（石下町一九八八）。

同書は、将門の最期が近づく頃、天慶二年（九三九）一二月、八幡大菩薩の使いに憑依《ひょうい》された巫女《みこ》が、将門に「朕《ちん》が位《くらい》を蔭子・平将門に授け奉る」と告げて、将門が「新皇」に即位することも描いている。

この記事は年齢を比定する上で、重要な手がかりとなる。

このとき八幡大菩薩は、将門を自分の「蔭子」としたわけではない。そもそも蔭子は親王や貴族（従五位下以上）の子に授けられる称号なので、神が授けた用語と解釈するのは不適切である。一人称を「朕」とする八幡大菩薩――『住吉大社神代記』以降、応神《おうじん》天皇と同体に擬せられていた――は、親王や貴族と比較できない別格の存在である。後継者を指名するなら「蔭子」ではなく、「皇太子」とでも呼んだだろう。すると、このくだりは将門が神様のお告げで「蔭子」になったのではなく、もともと「蔭子」だったと解釈するのが適切である。

現世において将門が「蔭子」だったなら、ほかの記述と照らし合わせて、その実年齢を絞っていくことが可能になる。

従五位下・高望→従四位下・良持→無位無冠・将門

ここで簡単に「蔭子」とは何かをもう少し説明しておきたい。蔭子とは、蔭位（父祖の御蔭で二一歳になると与えられる位階）を受ける資格を持った子息たちをさす言葉である。奈良時代の規定では四位・五位の子息で、三位以上の子や孫は「蔭孫《おんそん》」と呼ばれた。

将門の祖父は桓武《かんむ》天皇の孫高望王《たかもちおう》であった。かれら桓武天皇を祖とする一族は、桓武平氏と呼ばれる。

寛平《かんぴょう》元年（八八九）五月、臣籍降下して平朝臣《たいらのあそん》の姓を下賜された高望王は上総介《かずさのすけ》に任じられた（『日本紀略』）。王族から貴族に転じて「平高望《たかもち》」となったのだ。官位は従五位下に叙された。そして常陸国司と上総国司を歴任した。

この時代は中央から地方に受領として派遣され、群盗を鎮圧したあと、現地に居住して豪族に転じるケースが多くあって、高望もそのひとりであった。土着して軍事力を持った貴族は「辺境軍事貴族」と呼ばれている（福田一九七六）。

高望の子で将門の父である良持《よしもち》もまた「辺境軍事貴族」として従四位下に昇った。在庁官人では「たいそう高い」官位である（北山一九七五）。ちなみに後世の系図類で良持を「将門」と同じ「将」の一文字を使って「良将」と記すものもあるが、どちらが正しいか判断しがたい。本書ではひとまず通説の「良持」で表記したい。

話を戻すと、蔭子は二一歳になると自動的に無位無冠ではなくなる。大宝選任令の叙位案に「二十一歳、即蔭階《おんかい》叙位」と規定されていて、年齢が変わってすぐに叙位することが決められていたからである。

祖父・高望王が従五位下、父・良持が従四位下であるから、将門は二〇歳を越えた瞬間に従七位上に相当する叙位を受けるはずだった。ところがなぜか将門はその生涯を「無位無冠」のまま終えている（川尻二〇〇七、増田二〇一四）。

蔭子なのに叙任されなかった将門

本章の冒頭（42ページ）に掲げた『日本紀略』の引用文を読み返すと、興世王は官職と位階が明記されているが、将門は何の肩書も書かれていない。ここからも将門の無位無冠が認められる。

若い頃の将門は京都で非の打ち所がないエリートコースを歩んでおり、理由もなく無位無冠のまま止まることはありえない。

地方豪族（辺境軍事貴族）の子息が在京奉仕することで見聞を広め、人脈と信頼を得ながら叙任・任官に至るのは、定番の出世ルートだった。将門の従兄にあたる平貞盛《さだもり》は同様のルートで左馬允《さまのすけ》の官に昇進している。しかも少年・将門が仕えたのは、朱雀天皇の伯父で摂家の藤原忠平である。当時の公卿（三位以上の貴族）の七割以上は藤原氏が占めており、藤原氏族の長者である忠平は政界の最有力者だった。

その忠平に縁故がある将門は、誰よりも太いパイプを持っていたことになる。にも拘らず、叙位がなく、官職も得ていない。これに合理的説明をつけるとして「大きな失態を演じて叙位が認められなかった」とは考えにくい。なぜなら将門は大悪人として名を残したからだ。もし叛臣が在京中に重大な失態を演じていたら、その事実を後から強調されたはずである。だが、そのような批判は何も伝えられていない。若き日の将門は大過なく公務に精勤していたと推定するのが自然だろう。

すると別の可能性を探さなければならない。そこで考えられるのは、将門自身の都合で叙位の機会を放棄した可能性である。

いつ頃からか不明だが、将門は京都から下総国豊田郡に里帰りして、拠点を構えた。帰国した理由と時期は史料にないが、父の死による遺領の相続問題があったと考えられている（北山一九七五、川尻二〇〇七など）。傍証となるのは『今昔物語集』と『将門略記』である。そこには延長九年（九三一）、将門が父の遺領である「田畠」または「女論《にょろん》」をめぐって親族との抗争を強いられたことが記されている。これは『将門記』の最初に見える野本合戦よりも四年も前のことである。

これらの記録が、蔭子・将門の実年齢を見直す手がかりとなる。

通説より一〇歳は若い将門

これまでの情報を整合的に揃えていくと、蔭子・将門が官位を得られなかった経緯は、次のように見立てられる。

下総国豊田郡で生まれ育った将門は、元服すると京都の藤原忠平に仕えた。しかし（叙位される）二一歳になる前、延長《えんちょう》九年（九三一）頃、父の死が原因で帰国することになった。この年、将門は亡父の「田畠」をめぐり、桓武平氏で同族間の確執に遭遇した。しかものちに素行が悪いと京都に訴えられ、容疑者として召喚された。すぐに解放されたものの、前科者扱いの将門はその後も叙任の機縁を得ることがなくなった——。

すると、将門が初めて坂東で「合戦」したという延長九年のとき、まだ二〇歳前後の青年だったと仮定できよう。『将門略記』は合戦の原因を「女論」にあるとしている。この記述から将門は妻帯に適した年頃だったと考えられる。当時の結婚は男子の場合、元服を済ませた頃、律令制（法体系による支配制度）では男子一五歳からが適齢期とされ、早ければ一二歳、遅くても二〇歳前に行われた（小町谷一九九二、山中二〇一六など）。

将門はこの九年後に亡くなるので、その没年は通説より一〇歳若返り、三〇歳ぐらいだったと想像できる。ここでは延喜一〇年（九一〇）頃の生まれと仮定したい。ちなみに将門の祖父・高望が亡くなったのはこの翌年である。享年七三であった（『千葉大系図』）。

ただ、『将門記』で、将門が新皇に即位する直前、藤原忠平に仕えた時期を振り返り、「数十年」と述べている。これを論拠に将門は長期間在京していたと見られ、通説の年齢はそれほど間違っていないとする解釈もある。だが、同書は、ここに「或余年矣」（「あるいは数年ばかり」）とも傍記している。傍記にわざわざ誤りを付け加えることは考えにくいので、将門が忠平に仕えていたのは、やはり元服してから数年の間だったと考えられる。その証左に同文中、将門は忠平に仕えた時期を「少年の日」だったと述懐している。

順当に考えれば、将門は一五歳の吉日に元服し、数年ほど忠平のもとで貴族社会を学びながら精勤したのであろう。それが突如、父の逝去によって、遺領の「田畠」問題が浮上したので、暇乞《いとまご》いして帰国せざるを得なくなったのである。

なお、初期の将門と争ったのは、おじ世代の豪族たちがメインだが、かれらは老人ではなく現役の兵として描写されている。次世代にあたる将門は、まだ青々しい年齢のうちから、坂東の動乱に身を投じたと考えるのが自然である。

将門が卓越した武芸でもって坂東を制圧していった原動力のひとつに、弾けるような若い肉体があったと考えていいだろう。

平安時代の京都と貴族

さて、将門の生きた時代そのものを概観してみよう。

貴族の男性である紀貫之が「男もすなる日記といふ物を女もしてみむとてするなり（男が書く日記というものを、女のわたしもやってみた）」と書き出す『土佐日記』（承平五年［九三五］頃成立）は、その後の女流文学を花開かせた。男性でありながら、女性視点のエッセイや小説をひらがなで書く先例を創ったのである。

平安時代を代表する文学作品『蜻蛉《かげろう》日記』『源氏物語』『和泉《いずみ》式部日記』『枕草子』『更級《さらしな》日記』は、いずれも本作の影響下に生まれ、女性貴族による名作として今日まで広く親しまれている。これらは文学作品として優れているばかりでなく、当時の時代風俗を見るうえでも史料価値が高い。そのうち『枕草子』から、当時の貴族が百姓に対して抱いた情感を拾い出してみよう。

筆者の清少納言は賀茂参りの道中、農民の娘が前かがみになって田植えをする様子を目にした。娘たちは田に稲を植えては、後ろに下がっていた。清少納言はこの所作が「をかし」と、珍妙に見えて仕方なかったらしく、時間を忘れるほど眺めていた。

このとき、百姓の娘たちは愁いを込めて「ほととぎすよ、おれよ、かやつよ、おれ鳴きてぞ、われは田に立つ（ほととぎす、お前が鳴くせいで、わたしたちは田植えをしなくてはならないよ）」と歌いはじめた。すると清少納言は「聞きも果てず（最後まで聞いていられない）」とひどく気分を害した。典雅の道に生きる彼女はホトトギスを悪く言う人間が大嫌いで、「いとつらうにくけれ（とても情けなく、憎らしい）」と思うほどだった。百姓の娘風情がホトトギスに皮肉めいたことを言うなど、歯がゆくて仕方がなかったのだろう。

天延《てんえん》二年（九七四）、九歳の頃に彼女は父の清原元輔《きよはらのもとすけ》に従って周防国へ下向しており、地方で百姓の生活に接していた。しかし、百姓の生活に心を寄せることはなかった。

清少納言は貴族の少女が眉毛を抜く痛みに「もののあはれ、知らせ顔なるもの」と同情を寄せるほど心の優しい女性だった。それでも彼女が心を寄せるのは貴族だけで、百姓にはさしたる関心を持たなかったのである。そこには身分による意識の断絶が認められる。

ボロボロだった「花の都」

日本の首都・平安京は、長方形状の碁盤の目のように設計された人工都市であった。その南端中央に建てられた羅城門《らじようもん》は、弘仁《こうにん》七年（八一六）に大風で倒壊したあと、天元《てんげん》五年（九八二）まで記録に現れないことから、長らく放置されていたと見られる。

律令制は衰退の一途をたどり、新たに摂関政治（藤原氏の一族が人的に支配する政治体制）の兆しが現れていた。応天門の変（貞観《じようがん》八年［八六六］）によって、朝堂院《ちようどういん》や豊楽殿《ぶらくでん》、官庁の多くが焼失しても、朝廷には建てなおす財力がなく、しかも幼帝が続いたため、天皇は朝堂院で政治を行えなくなっていた。天皇の妃は外戚としての地位を確保するべく摂家の藤原氏が独占しており、政治は御所内にある藤原氏の私邸で行われていたのである。

同じ頃、渤海《ぼつかい》国からの外交使節を迎接する鴻臚館《こうろかん》は、延長四年（九二六）に渤海国が滅亡して以来、使われることがなくなり、朽ち果てていった（菅原文時《ふみとき》『封事三箇条《ふうじさんかじよう》』天徳《てんとく》元年［九五七］一二月二七日条・三箇条目）。

また、右京区市街地の一部は紙屋川や桂川の洪水氾濫による環境悪化で、荒れて久しかったため、農耕地とされていた（『池亭記《ちていき》』）。

将門の時代、京都の朝廷は景観の維持や、焼失した官庁ばかりか、天皇が政務を執る施設すら再建できないほど国家財政が切迫していた。貴族政治の行き詰まりは誰の目にも明らかだった。
富める者だけがよい暮らしを享受していて、そうでない者は辛苦の声を押し殺さなければ、その言葉遣いが気に障ると蔑まれた。

平安京の貴族と庶民

当時一五万人（日本全土の人口は六四四万人以上だったと試算されている〔鬼頭二〇〇七〕）の人口を誇る大都市・平安京は、羅城門を抜けて大路をしばらく進むと、その左右に市場が広がっていた。日本随一のショッピングモールといっていいだろう。食品、工芸品、衣類、食器など、人々はこの官製専門店街ですべてを揃えることができた。商店が開かれる日は雑多な人で賑わいに満ちていた。

だが、平安京の奥に住まう上級貴族がそこに足を向けることはなかった。なぜならかれらの生活必需品は、自ら買い物に出向くまでもなく、商人たちが持参してくるものだったからである。

これら市街地には、庶民階層が行き交っていたのだろう。天慶元年（九三八）には、修行僧の空也《くうや》が「東市《ひがしのいち》」の市中《いちなか》で雑踏に立ち、「南無阿弥陀仏」の称名念仏を唱えて回っていたという。

京都で念仏を勧める以前の空也は、坂東から奥羽まで巡歴して、井戸や橋の建設を指導しながら仏法伝道の巡業を行っていた。だが、東国の争乱により、帰京せざるを得なかったという（石井二〇〇九）。

平安京の「雅《みや》び」に引き寄せられる人々は、顔見知り同士の「鄙《ひな》び」「里《さと》び」の地縁的な世俗の関係に縛られず、これを超越する形で顔を合わせ、言葉を交わしていた。

平安時代の百姓と坂東争乱

一方、坂東に住む百姓の暮らし向きは、とても後進的であった。

西国では八世紀中に平地住居へ移行して消滅したはずの竪穴式住居（地面を掘って、床と壁を施し、屋根を載せる住居）が、坂東ではまだ現役で、掘立柱建物の小屋と併用されていた。坂東で竪穴式住居が消滅するのは、一一世紀になってからであるという（小出一九八三）。西国と東国では、建築物の発展に三〇〇年ほどの開きがあった。

このように西国に比べて、衣食住も十分に行き届いていない生活のなか、百姓の多くは中央貴族のため、労役に励み、貢納品を送るという身分社会の下層にあった。

ただし百姓と一言にいっても、貴族以外はみな百姓であるから、その中には富豪層もいて、豪族化した者もあった。かれらに下層の庶民を救済する理由はなく、むしろ群盗として私利私欲のために暴威を振るう者もあった。

なかには中央の「王臣家（天皇と関係の深い皇族や貴族）」に「荘園（国司・国衙に容認された私有地）」を寄進することで、「自分の管理する土地は何々様の荘園である。よって受領殿に納税や雑徭をする義務などない」と、脱法的に開発領地を占有する豪族も跡を絶たなかった。中央政府は「荘園整理令」を発して、目に余る豪族を規制しようとするが、反発する豪族たちは群盗と化して抵抗した。このようなことが打ち続くため、坂東の人心はひどく荒れ、治安も乱れていた。

坂東の生活が後進的だったのは、度重なる戦争と天災のためであったのだろう。

貞観三年（八六一）、中央政府は武蔵国で群盗が頻出するので、郡ごとに検非違使《けびいし》を一人ずつ置くことにした。このとき、中央以外で検非違使が置かれたのは坂東だけである。かれらは現地採用の豪族で構成された。豪族には自前の武力もあったが、中央政府の法制上、武装は許可制であったため、八年後ようやく下総国で帯剣が定められた。実際に考古学上の調査でも、九世紀中期の遺跡から武器の出土が認められている（有富二〇〇九）。

地方官の武装が公認された意義は大きく、現地にある受領の責任と権限は次第に拡大していくことになった。

そのうちのひとり、将門の祖父・高望王が坂東に下向したのも、治安回復が狙いであったとされている。

寛平元年（八八九）、坂東では「東国強盗首」といわれた物部氏永の武力蜂起があって、その「追捕《ついぶ》」令が発布された。この大乱は鎮圧に一〇年前後の年月を要した（『扶桑略記』）。このとき五一歳の高望は、蜂起する俘囚《ふしゆう》（朝廷に帰降して移民した蝦夷人）や群盗、不逞の前司《ぜんじ》浪人（もと受領の土着豪族）の「追捕」に専従したらしい。高望はかつて京都で謀反を平定し、寛平年間に上総介となって反乱を平定したともいわれている（『平家勘文録』）。

高望の一族は、中央政府に期待された武勇（または懐柔策）を発揮することで、坂東一帯の支配層として地盤を拡大した。

このように政府は軍事貴族を利用して、地方政治の安定化をはかったが、ある意味では悪循環を生産していたともいえる。なぜなら、権限の強化された受領が地方の治安を回復したあとも現地に留まり、現地の荘園を王臣家に寄進して、中央政府への納税や雑徭を拒否する例が多発したからである。

すると公地公民の税が減り、国家からの取り立てが厳しくなる。下層の庶民にすれば、たまったものではない。

百姓のうち、生産者である被支配者層（農民、漁民、町人、運送業者など）は、しばしば住地を捨てて「逃散」した。時として郡司（現地の豪族が任命された）まで逃散する有様だった。

またあるときは、郡司と百姓が結託して、中央政府に窮状を訴え出ることもあった。

中央政府の貴族たちは愁訴に対応しようとはしたが、粗暴な受領を解任するのがせいぜいで、抜本的な解決力は持っていなかった。貴族たちは搾取に腐心するほど強欲ではなかったが、庶民の生活改善に向き合う余裕はなかったのである。

「滝口武士」時代の少年・将門

さて、本章の最後に、少年期に藤原忠平のもとで在京していた将門が、どのような日々を送っていたか想い巡らせてみよう。

この時代の京都と日本社会がどのようであったかは研究が盛んであるから、ある程度の輪郭を描くことができる。まず、将門が藤原忠平に仕えていた頃の様子を想像するための材料から見ていきたい。

将門の系図でもっとも古い一四世紀成立の『尊卑分脈《そんぴぶんみゃく》』は、その異名を「滝口小次郎」と記している。これは将門の前歴が「滝口武士」（『西宮記』。『本朝世紀』には「滝口武者」とも）であったことを示している。『尊卑分脈』には誤りも多いが、この点に関しては『将門記』で裏付けを得られる。

同書で将門は、謀反後も京都の左大臣・藤原忠平を「私君」と仰ぎ見ており、またかつて「名簿《みようぶ》」（臣従の証明書）を提出していたことが記されている。忠平が管轄する滝口武士は、地方出身の武人少年が前歴を飾るのに適任であった。滝口武士は、天皇の秘書官である蔵《くろ》人頭《うどのとう》に属する役で、延長年間の蔵人所のトップ（蔵人所《くろうどどころ》別当）は忠平である。

将門が滝口武士であった蓋然性は高いと見てよい。『日本紀略』には、天慶四年（九四一）六月六日、忠平が右近馬場で滝口武士や平貞盛の兵を閲兵していることを記している（「滝口中戸諸家及貞盛朝臣《あそん》兵士」）。滝口武士は武人のエリートコースだったのだ。

ところで北畠親房《きたばたけちかふさ》の『神皇正統記《じんのうしようとうき》』（一四世紀成立）に、在京中の将門が検非違使になることを望んだものの、仲間たちの妨害に遭って断念することになり、坂東に戻って反乱を起こしたという話が伝えられている。しかし将門が検非違使を志望した事実はない。これは親房が、京都から東国へ下向して挙兵した足利尊氏を批判するため、逆臣・将門のイメージを流用した作り話である。

そもそも一〇世紀の検非違使は犯罪者の捜索や追捕だけでなく、皇居の清掃も担当する職で、この時代の「軍事貴族」候補生である「蔭子」が志望するほど高貴な身分ではなかった。中世が近づくと武官羨望の出世コースとされたが、その下級役人が「絶大な権威を揮《ふる》い、多くの利得を収め」るようになるのは一一世紀末頃からである（米谷一九七三）。

将門は検非違使ではなく、それを差配する佐《すけ》・尉《じよう》（検非違使の上級職）を志望したと説く論者もいるが、『神皇正統記』に書いてあるのはあくまで「使宣旨《しせんじ》（検非違使への任官）」だけで、上級職を志望したとはどこにも書いていない。これに「身分の低い検非違使を望むのはおかしいから、その上級職を志望したのだろう」と後付けの想像で、伝承にリアリティを加える必要はないだろう。将門が検非違使の上級職を望んだ可能性はないと言い切っていい。

補足すると、この頃の検非違使別当は藤原忠平ではなく、格下の藤原恒佐《つねすけ》または忠平長男の実頼《さねより》である。転籍を望んだとすれば、将門は自ら左遷を願ったことになってしまう。そうまでして検非違使の職を志望するとは考えにくい。

次に将門の本職だった滝口武士の実態を見てみよう。

滝口武士の職務

寛平九年（八九七）頃、宇多《うだ》天皇の御代に「滝口武士」が置かれた。

滝口武士は、蔵人所に属する天皇の随兵で、禁中・清涼殿《せいりようでん》周辺における昼夜の警衛に携わる令外官《りようげのかん》であった。なお、令外官とは大宝律令で定められた役職およびシステムで補いきれなくなった現実の問題に対応するために新設された官職である。

令外官には、検非違使、勘解由使《かげゆし》、近衛府《このえふ》、斎宮寮《さいぐうりよう》、修理職《しゆりしき》、鋳銭司《ちゆうせんし》、施薬院使《せやくいんし》、蔵人所、陸奥・出羽按察使、参議、中納言などの官職が設けられた。旧来の律令制の法体系がもはや現実に通用しなくなっており、京都ではその刷新が進められていたのである。

滝口武士の呼び名は、清涼殿東庭の北東にあった落ち水の地を「滝口」といい、その近くに詰所があったことに由来する。当時の定員は一〇名で、『平家物語』の斎藤時頼《ときより》を例に見ると、「十三の年、本所へ参りたり」とあるように、十三、四歳で権門に初参したあと、十六、七歳から滝口に推挙された。そして十六、七歳から二十四、五歳の年齢まで精勤し続けた(米谷一九七四)。

その候補者は蔵人頭によって名簿を奏聞《そうもん》に入れられ、その名簿が再び蔵人にくだされて、出納が候補者に宣旨がくだされたことを伝えた。そして、左近府にて「射技」の試験を受けさせ、これを蔵人が審査して、採否が決められた。

厳正な審査の上で採用されてからも、規則正しい精勤が求められた。その様子と職掌は『枕草子』と一三世紀初期の順徳院《じゅんとくいん》『禁秘抄《きんぴしょう》』[中巻]に詳しく記されている。

かれら滝口武士は、夜勤のときには朝早くに蔵人が朝に当直の点呼を行うと、詰所から出て東の庭上に整列しなければならない。そこで二度の鳴弦があり、当直の蔵人が誰何《すいか》して、その氏名を名乗らせた。欠勤者がいたら、蔵人はその理由を確認した。また、『西宮《さいぐう》記《き》』によれば、三日以上の欠勤を許されなかった。

かれらは警衛として配備される以外に、宮中の治安維持のため、検非違使と連携して、盗賊の退治にあたることもあった。

たとえば、火付・盗賊の犯人の捜索と退治に、自主参加を促される記録が『小右記《おうき》』寛仁《かんにん》三年（一〇一九）四月五日条にあり、その後、滝口武士が「盗人」を追捕・射殺した記事が何度も書き残されている。

かれらは勤務に励むだけでなく、武技の鍛錬も怠らなかった。特に相撲と射技は、滝口武士の必須科目で、承平二年（九三二）七月には、朱雀院《すざく》のために相撲を演じている（『日本紀略』）。殿上賭弓に招かれることもあり、延喜二年（九〇二）二月の大会では、景品としてひとつ当てるごとに五段の「左土布」が下された（『西宮記』）。

ここに少年期の将門の日々を思い浮かべられるであろう。厳しい上下関係、勇ましい尚武精神、そして治安を守るための遵法意識、これらを徹底的に叩き込まれることで、軍事貴族の候補生たちは忠勇あふれる人材に育成されていたのである。

出世コースを外れた将門

ここまで将門の少年期を追跡してみた。

左大臣・藤原忠平に名簿を提出し、家人となった将門は、「蔭子」という将来が約束される身分に相応して、「滝口武士」に配属された。

順調にいけば、二一歳で官位を叙されるはずであった。だが、将門は何らかの理由により、坂東へ下向して、無位無冠のまま生涯を終えてしまう。在京時代の将門が問題を起こした形跡はなく、その帰国は将門自身の都合があってのことと思われる。

下総国豊田郡に帰郷した将門は、やがて親類や近隣の豪族から邪険にされ、かれらとの私闘に専念せざるを得なくなっていく。

第二章　遺領が招いた争族

野本合戦の内実と帰郷した将門の受難

父の訃報に接した将門は、親類縁者の待ち受ける坂東へと帰路を急いだ。さて、ここからは現存する『将門記』の写本冒頭部に描かれる〝野本合戦〟を通して、揺れ動く坂東と躍動する将門の姿を追ってみよう。

史料上の制約があるため、私見による推測を交えていく必要もあるが、基本としては近年までの史跡調査と史料読解をベースに置いて、その復元を試みたい。

下総国豊田郡に帰郷した将門は、伯父・平良兼《よしかね》との関係が悪化してしまうが、この原因を『将門略記』は、延長九年（九三一）の「女論《にょろん》」にあると記述している。

将門と良兼の間を引き裂く「女論」について、将門研究初期段階の二〇世紀初頭までは、スキャンダラスな女性問題のこと（良兼と将門が源護《まもる》、または牧野庄司なる者の娘を巡って争ったなど）と推定するのが主流であった。だが、歴史学者・大森金五郎氏が『武家時代之研究』［巻一］において「女論」の実態が「姻属問題」であることを明らかにして、俗説を否定した（大森一九三七）。

大森氏は『将門略記』が、良兼と将門の関係を「舅《しゅうと》・甥《むこ》の中（仲）」と記していることから、将門の妻が良兼の娘であることを指摘したのである。これにより、良兼と将門がただの伯父・甥ではなく、舅・婿の関係でもあることが明確になった。

ふたりの関係を悪化させたのはそれだけではなかった。平安時代の伝承物語を書き留める『今昔物語集』［巻第二五の一］では、良兼と将門の間に良持（将門亡父）の遺産である「田畠の諍い」があったことを伝えている。遺領問題がふたりの関係を悪化させたようである。

また、『歴代皇紀』［朱雀天皇条］には、ふたりの間が険悪になった「始め」に「合戦」があったことが記されている。『将門略記』と『歴代皇紀』はともに高い信頼度を備えており、その記述を理由なく排除できない。まずは良兼と将門の関係記事を整合するところから、史実の復元を試みなければならないだろう。

ここでこれら三点の史料から関係箇所を掲出しよう。

下総介・平良兼朝臣《あそん》は将門の伯父なり。しかるに良兼は、さる延長九年をもって、いささか女論により、舅・甥の仲はすでに相違《あいたが》う。（『将門略記』）

将門が父を失《うせ》てのち、その伯父・良兼といささかに吉《よ》からぬ事ありて、中悪《仲あし》くなりぬ。また父故《こ》良持が田畠の諍いによりては、ついに合戦に及ぶ……。

『将門合戦状』（『将門記』のこと）に云《いわ》く、始め、伯父・平良兼と将門、合戦す。次に平真樹《まき》に語られらば、承平五年（九三五）二月、平国香《くにか》ならびに源護と合戦す。

（『今昔物語集』［巻第二五の一］）

（『歴代皇紀』［朱雀天皇条］）

一つ目の『将門略記』は、欠失された『将門記』原本の抄出する文献である。ここには将門と良兼は、延長九年（九三一）に「女論」が原因で、関係が悪化したものとして記述している。

二つ目は『今昔物語集』という説話集の記録である。ここではふたりが「田畠の諍い」で険悪になり、ついに「合戦」になったことを記している。同書は良兼の人柄についても「もっぱらに道心ありて、仏法を崇むるによりて、あながちに合戦を好まず」と触れている。良兼は平和を好み、将門との武力衝突を避けていたというのである。実際に延長九年から承平六年（九三六）の六年間、良兼は合戦に関わった様子がないので、この記述には一定の信憑性を認められる。

三つ目の『歴代皇紀』という歴史書では、もう現存しない当時の『将門記』原本からの引用として、「始め」に良兼と将門が「合戦」したことを記している。その合戦は本章で紹介する承平五年（九三五）の野本合戦以前のこととされている。

以上、良兼と将門の不和について考える材料を並べてみた。ここから、将門と良兼を対立させた「女論」と「田畠」の諍いに注目して、その実相を浮かび上がらせてみよう。

良兼と将門の対立理由

最初に「女論」について、近年主流の説を紹介しておきたい。

当時の婚姻形態は、現代に多い夫の実家に妻が住む「娶《めと》り婚」ではなく、逆に妻の実家に夫が住む「婿入り婚（招婿婚《しょうせいこん》）」と夫が妻の実家に通う「通い婚（妻問婚《つまどいこん》）」が主流だった（山中二〇一六）。

将門の妻になったのは良兼の娘だが、この時代の通例に倣っていれば、実家の良兼邸に住んでいたはずである。ところが『将門記』を見ると、彼女は豊田郡の将門邸に居住しており、いわゆる「娶り」の婚姻生活を受け入れている。「娶り」の語源は「女捕《めと》り」にあるという（網野一九九一）。これは本人または親族の合意を得ない婚姻と見られていたことを意味するだろう。すると、将門夫妻の婚姻は、良兼の不承知を押し切って強行されたものだと考えられる。

ただし、その妻本人は自ら進んで将門のもとに入った可能性がある。証跡として『将門記』に、将門夫妻が戦禍で離れ離れになったとき、お互いとても慕いあっていた様子がうかがえる。

（夫の将門は）すでに身体が生きていても魂は死んだも同然だった。将門の妻も悲しみにくれながら慣れない旅寝で仮眠をとろうと努めるが、万感が胸に迫って、とても寝付けそうになかった。［中略］（彼女は）夫に殉じて死のうと思った。

同書には将門夫妻がお互いを探し求めて「懐恋」の念を募らせる情景も描かれており、相思相愛の関係が描写されている。このとき、妻は父・良兼率いる軍勢に保護されたが、彼女の弟たちは姉を密かに夫・将門のもとへと逃がしてやった。良兼の息子たちは父よりも姉の意思を尊重したのである。

将門夫妻は、好き合って結ばれたのだろう。

少なくとも良兼は、娘を娶り婚の形で将門に取られることが耐えられなかった。この意見対立が「女論の真相であった」のではないかと見られている（八千代町一九八七、石下町一九八八）。

これが近年主流の説だが、不和の理由として妥当に思われる。しかし、それだけで「合戦」が起こったとするのは論拠としてまだ弱い。より説得的な根拠を要するであろう。

良兼と将門が決裂した理由

婿入り婚の是非を巡って舅と婿の間に深刻な確執が生じることは、確かに起こりうる。現代人の感覚からも想像できないわけではない。だが、結婚生活の形態だけで「合戦」に及ぶだろうか。

気になるところでは、良兼と将門の間に「田畠」の諍いもあった。しかも、ここで「合戦」をしておきながら、その後はふたりとも自発的に戦闘を繰り返しておらず、しばらく紛争を避けていたように見える。

良兼との「女論」、「田畠」の諍い、そして良兼と将門の「合戦」。史実の復元には、これらの記録と矛盾しない答えを導き出す必要があるだろう。

突き合わせを意図することなく、別個に成立した複数の史料から、このときの将門たちに何が起こったのかを推量すると、次の情景が浮かび上がってくる。

【将門の合戦1】女論・田畠合戦

伯父と甥が不仲に至った背景には、典型的な相続問題があったのだと思われる。

延長九年（九三一）頃、それまで在京していた将門は、父の死により、帰郷を急ぐことになった。再び在京できるかどうかわからないので、滝口武士の職を辞した。

郷里に戻った将門が向き合ったのは、亡父の遺領（主として下総国豊田郡と猿島《さしま》郡の私領。相馬郡も数えられることがあるが、『将門記』では終盤まで将門と相馬郡の接点は見られず、良持の遺領には含まれていなかっただろう。なお、将門を「相馬小次郎」と記す系図もあるが、将門と相馬の結びつきは、他に認められていない）をどうするかという「田畠」の相続問題である。

常陸国から下総国まで入り乱れる遺領について、亡父の兄弟である国香と良兼は、甥の将門が若年であるのを理由に、年長者である自分たちが管理することを提案したのだろう。正当な相続人である将門がこれを呑む必要はない。そこで良兼は将門を娘婿に迎え入れたいと提案して懐柔を試みる——。「いささか女論」「いささかに吉からぬ事」の実相とは、このようなものではないだろうか。この仮定に従うと、およその謎が解けていく。

ここで将門は良兼の提案を逆手に取った。保証人にするわけでもないが、良兼の娘を自領に住まわせたいと考えたのである。いくら良兼が「合戦を好まず」といえどもこれは許容できない。兵を動員してその阻止にあたった。これが「女論」により、「始め」に起こった「合戦」と見て大過ないだろう。

しかし良兼の企みは、娘が実父よりも将門に心を寄せていたこともあってか、将門が新妻を強引に豊田郡へと連れ帰り、虚しく潰えた。

こう考え直してみると「女論」とは、良兼がふたりの婚姻に理由なく反対したという事件ではなく、遺領に端を発する相論から、将門が婿入り婚を拒み、娶り婚を強行しようとしたため、小規模な武力衝突に至ったものと解釈できる。

こうして「女論」を実力行使で断ち切った将門は、亡父の「田畠」を自ら取り仕切ることにしたのだろう。

良兼と将門がその後の合戦を避けた理由

将門が小競り合いを切り抜けて、娘を自らの郷里に連れ帰ったことで、良兼は静観を余儀なくされた。心中とても苦々しく思っただろう。

だが、ここで将門に抗争を仕掛ければ、中央政府から何を言われるかわからない。普段は地域の出来事にあまり介入しないが、大きな事態になれば、先に攻撃した側が追捕対象とされ、私有地没収の憂き目に遭う事態も起こりうる。在京時の将門は藤原忠平に仕えていたから、先に手を出して加害者側になれば、贔屓裁定されて反論が困難になる。

将門自身もまた妻の実家と不仲になったからといって、全面戦争を開始しようとはしなかった。将門個人としても、同族との争いを望ましいとは思えなかっただろう。かれはのちに良兼と争って勝利したとき、追撃に手心を加えて良兼を見逃している。

この時代の「兵」は中世の侍と違い、合戦を公《おおやけ》から隠れて行う喧嘩の延長ぐらいにしか考えておらず、全面戦争を好まなかった。兵が侍になったとき、まっさきに身につけたのは「合戦」の正当性を、中央及び周辺勢力から追認される政治力であった。兵の合戦は、政治と無関係の勝負事だったのである。補足として兵の合戦意識を見ていこう。

喧嘩も「合戦」のうちだった（将門の合戦1B）

当時の人々が合戦に対して持っていた認識をよく伝えるものとして、『今昔物語集』（巻第二五の三）の説話がある。

あるとき、武蔵国で平良文と源宛《あつる》（充）が自分のほうが強いと言い合って揉めた。ふたりは決闘状を交わすと、五〇〇～六〇〇の兵を連れて対峙した。良文は「この合戦は一騎討ちにしないか」と呼ばわった。宛はうなずき、互いに馬を馳せながら矢を放ちあった。どちらの狙いも鋭く、息を呑む戦技が繰り返された。良文は不意に宛を褒めた。「いい腕だ。ところで、われわれはただ自分の強さを示したかっただけだ。殺し合いをする理由もない。違うか？」と問いかけると、宛も「そうだな」と言って、合戦は終わった。

爽やかな印象を残す説話である。この時代、非政治的な個人的情緒から、数人から数百人が集う「合戦」は無数になされていた。

良兼と将門の「始め」の「合戦」もまた、娘を連れ出せるかどうかを争う喧嘩程度のもので、深刻な死傷者のない瞬間的な衝突だったように思われる。

二派に分かれた坂東桓武平氏

さて、ここでひとつ考えたいことがある。

まだ二〇歳を過ぎたばかりの将門が、ひとりで族長格のふたりのおじに逆らったかどうかという問題である。

中世の遺領問題で大規模な事件となる場合、いずれも両派に多数の支持層が集まって紛争化するのが普通である。この時代にも似た構図は起こり得たはずで、将門にも後ろ盾となる親類や縁者がいたと考えるのが自然である。

先の「合戦」意識で触れた平良文は、たびたび将門の合戦に参戦したという。良文は仁《にん》和《な》二年（八八六）生まれと伝わる（『千葉大系図』）。事実なら将門と共闘した頃は五〇代となる。良文はのちに鎮守府将軍に任じられるほど、朝廷からの信頼を集めていた。中央と地方に強い有力な将門派だったと考えられよう。

しかし国香・良兼派にも心強い味方がいた。平高望より先に坂東で土着していた嵯《さ》峨《が》源

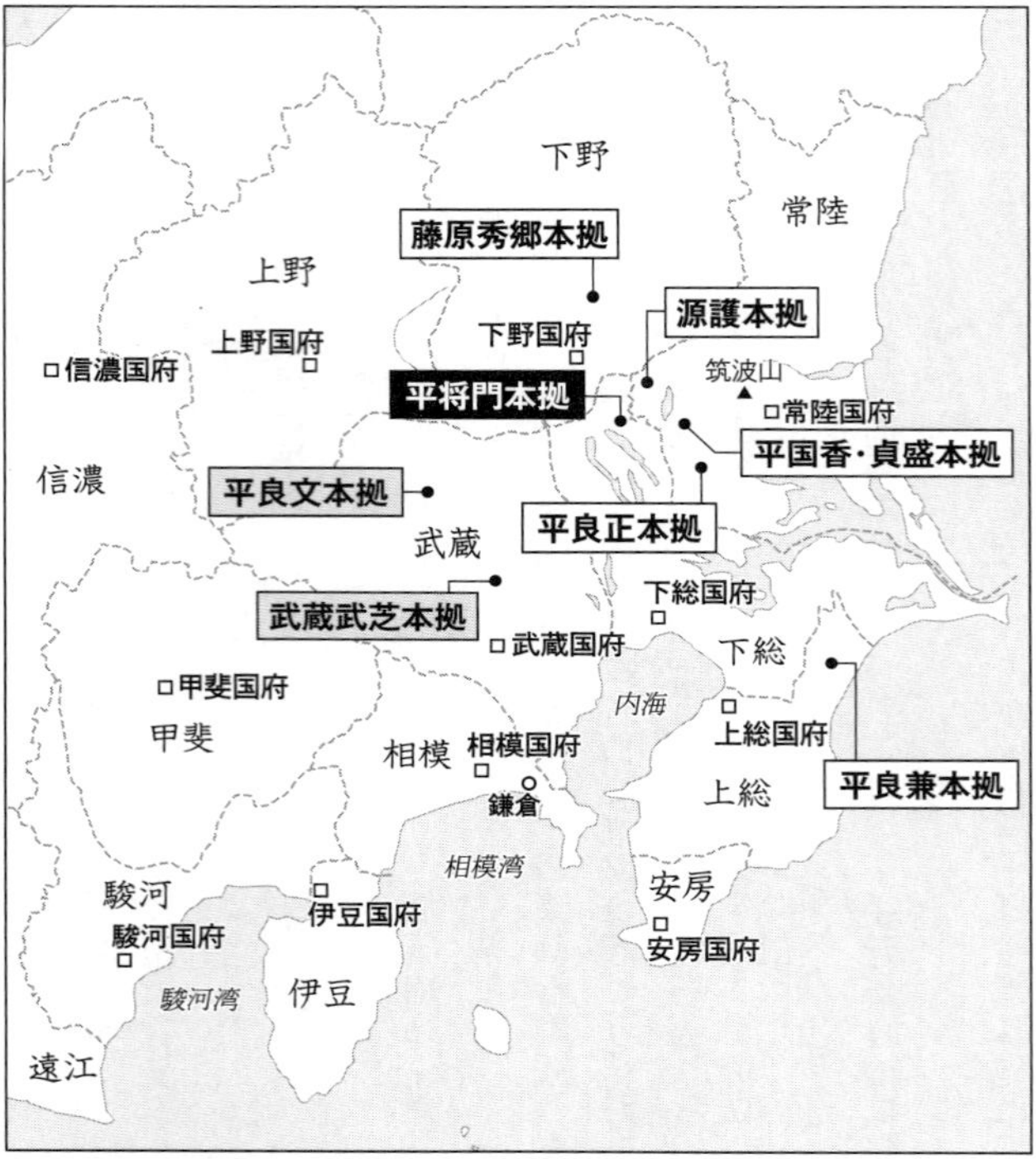

将門の乱における関連拠点　当時の水流を復元した地形図（鈴木2004）に、先学の比定地（古典1963など）を加えて作図

氏一族である。高望は坂東に勢力を扶植させるにあたり、子息らとかれら源氏一族の間に婚姻関係を結ばせていた。

将門派と国香・良兼派を分かつのは、まさにその婚姻関係であった。良持の妻は下総国相馬郡の有力豪族・犬養春枝《いぬかいのはるえ》の娘だったという（『尊卑分脈脱漏』）。一方、国香と良兼と一番下の異母弟である良正《よしまさ》の妻は、みな常陸前大掾《さきのだいじょう》・源護の娘だった。良正同様に異母弟だった良文は、下野国に在郷する豪族の娘を妻としていた。ここで坂東の桓武平氏のうちに源氏派（国香・良兼・良正）とそうでない一派（将門・良文）の対立が見えてくる。

特に長兄の国香は、源氏領内に婿として居住していた。平高望以来の坂東桓武平氏は、かねてから土着していた嵯峨源氏派に密接な一派と、あくまで自主独立を望む一派とに分裂しつつあったのである。

出世街道を外れた理由

ここで京都を離れ、坂東に帰国した将門が、生涯を無位無冠で終えた理由もすでに明らかであろう。

将門は若くして父の死に遭ったため、坂東において桓武平氏の族長格にあたる国香と良兼と、遺領および将門の将来について意見衝突した。

対する将門が、良兼の娘を連れ去る形で反抗意思を明らかにすると、さらに関係が悪化した。このため、将門は常陸国で地盤を固めるほかなくなった。このように、京都で「私君」藤原忠平の後見に浴し、顕官に与るという定番の出世コースから転げ落ちてしまったのである。

「田畠」に隠れていた軍事施設

両派対立の引き金を引いたのは、これまで述べてきたように、将門の父・良持の死である。ここで良持の「田畠」(私営田)の問題が平氏一族の間に生じた。

良持の遺領には、荒れた台地と湿地が拡がっていた。台地は開墾に不向きで、湿地帯は水害が多く、水田を作れない。遺領は「田畠」として未発達な、ひどく痩せた土地だっただろう。

だいたい田畠をめぐる土地争いがまだ当たり前ではない時代である。坂東はフロンティアの〝東部開拓時代〟真っ只中で、好きなところに人を集めて耕せば、田畠など好きなだけ手に入った。中世武士みたいに所有者が定まった田畠の縄張りを貧乏くさく争う必要などなかったのだ。

ただ、それでも良持遺領には隠れた資産価値があった。もちろん、河川交通の要衝として、物流を押さえるという大きな〝地味〟があったが、それだけではない。それは良持が、東国の兵を率いて蝦夷を鎮撫する「鎮守府将軍」だったことと関わりがある。

ここで現地調査の研究報告に目を向けてみよう。

昭和五三年（一九七八）から五五年にかけて、下総国豊田郡の「尾崎前山《おさきまえやま》製鉄遺跡（茨城県結城郡八千代町尾崎）」が発掘調査された。その後、科学技術史・考古学・日本史・美術史・化学・物理学・植物学・地質学など多彩な専門家からなる東京工業大学製鉄史研究会によって多面的な考察が加えられ、共同研究が公開されることになった（阿久津一九八一、東京一九八二）。

研究報告によれば、ここにはかつて製鉄用の諸施設と鍛冶工房と工人住居地があったことが確かめられた。ただし、技術専門家の職人集団だけで、すべての工程が進められたわけではない。原料の発掘、製品の輸送作業など、「多様かつ大量の労働力が必要」とする作業が多く、「肉体的重労働」を行う人員を近隣から大量動員したはずだからである（福田豊彦氏は具体的人数を、年間「五万人程度」と試算）。

二年後、この見立てに基づいて、付近に横たわる「館出《たてだし》」型土塁が測量された。すると、この製鉄施設と近隣集落および広大な原野が、二・四キロメートルの土塁と三五〇ヘクタールの溝、および一・七キロメートルにわたる天然の入谷によって、城郭都市さながらの様相を呈していることがわかった。つまり館出土墨は、製鉄所だけでなく、広大な放牧地を防衛する構造をなしていたのだ。

しかも、その原野「大間木《おおまぎ》」は、『延喜式』に記される官牧「大結牧《おおいのまき》」の比定地であった。そのほか、古代の製鉄所はどれも官牧に付属する施設だったことが判明している（森田二〇一三）。一〇世紀前期の下総国は、日本最多の官製馬産地であった。官牧のうち「諸国牧」で数えられるものは、坂東一五牧のうち、五牧が下総国に集中していた（鈴木二〇一二）。

馬は運輸と軍事、牛は酪農のほか農耕と牛車に用立てられたものであろう。平安時代のチーズと呼ばれる「蘇《そ》」もこれら牧で製造された。

軍事力の原産地を受け継いだ将門

なぜ、この地に軍事施設が集中していたのだろうか。その理由は延暦《えんりやく》一一年（七九二）に健児《こんでい》制が設けられたことにある。

健児とは騎乗して弓矢を扱う民間出身の兵のことで、武士の原型とされている。中央政府はこの健児を諸国に三〇〜五〇人ずつ常備することを定めた。しかし、坂東八ヵ国だけはその二倍から三倍が課せられ、常陸国は二〇〇人、相模・武蔵・下総国は一五〇人、上《こう》野《ずけ》・下野・上総国は一〇〇人の常備が定められた。例外は安房国の三〇人だけである。これら地生えの精鋭を大量に動員する坂東では、相応の規模を持つ軍事施設が集中していた。

そして下総国の軍事施設のすぐ近くには、伝平良持館と伝平将門館の史跡が現存している。

製鉄施設すぐ東北の「栗山」（結城郡八千代町栗山）に、天台宗の「栗栖《くるす》院《いん》弁寿《べんじゅ》山《さん》仏性寺《ぶっしょうじ》」という寺院がある。これは承平七年（九三七）に将門の重要拠点として敵軍に焼き討ちされた「下総国豊田郡・栗栖《くるす》院《いん》常羽《いくわの》御厩《みうまや》」に建てられたもので、焼亡を免れた当時の御本尊がいまも同地の栗山観音に安置されている。

清宮秀堅編『下総国旧事考』は、「栗山」は「御厨《みくりや》」が訛化したものだと推測している。また、その「御厩」が朝廷や摂家（藤原氏）の馬を飼養する地を示す用語であることも指摘されている（奥野一九九五）。

将門は亡父の「田畠」にあった軍事施設を受け継ぎ、私的な拠点として経営を試みたと見ていいだろう。

木心乾漆如来形坐像　平良兼軍の放火を免れたと見られる栗山観音堂の本尊。9世紀前期の作。平成12年（2000）に復元され、現在は薬師如来坐像となっている（茨城県教育委員会）

官制の製鉄所と放牧地

この地は開発領主の平良持が、近隣住民を使って操業する官製放牧地であったというのが、これまでの研究で見えてきたことである。将門の父祖たちは、朝廷の所有する放牧地を経営していたのである。

手がかりとなるのは、この地に堆積された火山灰、ならびに同地から出土した土師器《はじき》や須恵器《すえき》の型式編年である。この製鉄所は総合研究により、九世紀中期以降の遺構であることが推定された。もちろん器物から遺跡の編年方式を求める方法は絶対ではない。比較的、保存状態がいい戦国期の有名な城郭（興国寺城や杉山城など）ですら年代比定に論争があり、特に器物の型式を基に〝いつから〟（下限年代）は指摘できても、〝いつまで〟（上限年代）を確定するのは難しいためである。

たとえば私事で恐縮だが、わが家には半世紀ものの家具が一部、鈍色の艶を湛えながら健在である。しかし、これらがもし何らかの天変地異に見舞われ、そのまま化石として残ったとして、後世にこの地を発掘した歴史学者が、「この家具は昭和の製品である。だから天変地異が起こったのは昭和である」と公表したら、その夜は当該人物の枕元に立ち、睨みつけてやらなければならないだろう。

話を戻せば、製鉄遺跡の報告書は総合研究の結果として遺構の下限年代を九～一〇世紀中期頃とするが、上限年代の比定は避けている。

下限年代の時期は、ちょうど将門の祖父・平高望が九世紀後期に坂東へ入り、上総・常陸・下総国へと勢力を広げていた頃である。

すると平高望・良持父子は、官牧の司《つかさ》（長官）としてこの地を管理・運営しながら、地主として軍事力の増強と私営田の〝開拓〟を同時に行っていたことが推測される。開拓は領内で平和的に田畠を拓くだけでなく、所有者が明確ではない良地に出向き、武威をもって進出（あるいは横領）することもあっただろう。

坂東に入った平高望の一族は軍事施設（製鉄所と放牧地）を接収することで、「田畠」の開拓事業が容易になった。高望は特に良持の武勇を高く評価していたのだろう。最重要の軍事施設をほとんど独占的に管理させていた。良持は朝廷から「鎮守府将軍」に任じられるほどの実力を得ていたのである。だから良持没後、遺領の問題が急浮上したのだ。もしこれが人の手に渡れば、国香と良兼にとって一大事である。しかも非源氏派の将門がこれを得たらどうなるか心配でならない。

なお、尾崎前山製鉄遺跡が将門の製鉄施設だったとする解釈を成立困難とする主張もある。その論拠は、遺跡の存続期間に関する報告書が将門と時代にかぶっているように読めないとする解釈と、将門が正式な官牧司だった形跡がないという点にあるようだ。

しかし、同施設の存続期間については、調査報告で下限を確定していないだけである。将門時代の運用を否定する内容とはなっていない。

将門が暫定措置として、亡父から受け継いだ官牧の管理代行に携わっていた可能性は先に述べた。将門は正式な官牧司に任じられなかったが、だからといって製鉄炉や放牧地と眼と鼻の先にある重要拠点・栗山を放置するはずがない。将門の継戦能力は、放牧地と製鉄所に支えられていたと見るのが自然である。

したがって、この地は良持・将門二代にわたる有力な兵産地だったと評価したい。

騎兵を充実させた将門

将門の管理下にあったとされる官牧地は、大結牧以外に、猿島郡の長洲牧《ながすのまき》（坂東市長須）がよく知られている。両者とも将門が本拠とした「豊田郡鎌輪《かまわ》之宿（下妻市鎌庭）」から指呼の間で、後年の宿営地「石井《いわい》営所（坂東市岩井）」の眼前にある。そこから徒歩八分ほどの地に「駒寄」「駒跿」「駒込」「馬立」「馬場」（坂東市・常総市）の地名が残されており、辺り一帯が騎馬の飼育ならびに騎隊の訓練地として活用されていたものと見られる。「営所」は拠点となる砦のことで、また将門が率いる党が「武夫《もののふ》」と呼ばれたことからも、将門の威勢を支えたのは農耕地から収穫される作物に加え、優れた馬と鉄と兵からなる軍事力にあったと考えられる。

石井営所から小一時間ほど歩くと、手賀沼南岸の柏市に古代からの製鉄所跡が密集している（柏市ホームページ）。将門時代には「山崎」と呼ばれた内野山にも古代の製鉄所跡も見つかっている。亡父が遺した地には、坂東屈指の軍事施設が集中していたのだ。

なぜ高望が嫡男でもない良持に与えたのか不思議になるくらいである。長兄の国香はもとの名を「良茂《よしもち》」（良望）と称したが、のちにこれを改めたという。そしてそれと同音の名が弟の良持に与えられている。高望は国香よりも良持を贔屓したようだ。

将門とその支援者だったおじの良文には、毎月五日に鎮守の神・妙見菩薩を信奉して野馬追いを挙行したという伝承がある（尾形一九三二）。妙見菩薩は製鉄の神様でもある。

健児は騎兵なので、兵として活動するには、騎馬ならびに専用の武具と馬具が必要だが、良持の遺領にはこれらすべてが揃っていた。

坂東における健児の動員人数が非常に高かった事実からも、この地に官製の製鉄所と放牧地が豊富にあった理由を推測できよう。軍事力の原産地としてこれらの施設は必要不可欠だった。

国香と良兼の不安

良持の死により、全国屈指の軍事施設を有する「田畠」が、宙に浮かぶ形となった。一族の長老格にあたる平国香と良兼は、将門の遺領継承を危険視しただろう。以下に二点ばかり、国香と良兼の思惑を推量してみよう。

第一に危惧されたのは、今後「田畠」の開拓利権を甥の将門に独占されることである。田畠の開拓事業は労働者だけでなく、中央政府や受領の容認と現地豪族の支援を要する。しかし何よりものを言うのは、自身の軍事力であった。それはかれらが一番よく理解していたであろう。

皇族から臣籍降下した高望は受領に任じられると、群盗を鎮圧・懐柔しながら、子息たちを現地豪族に婿入りさせ、一大勢力を築いた。要となったのが良持の管理する軍事施設である。これを京都から帰ってきたばかりの、地元事情に疎い若造に手渡すのは不安だった。

第二の問題として、もし何者かがその若い将門をそそのかし、こちらと対立すれば大変な事態になりうる。果断に富む将門は、世間や親類の顔色を見て分別する男ではなく、大胆で俠気と勇気を好む気質であった。だから国香と良兼は、将門に婿入り婚を持ちかけて、取り込んでおくのが最良だと考えたのだろう。

しかし将門はこの提案を拒んだ。国香と良兼は困っただろうが、遺領の問題を政府に訴えて判断を委ねるのも得策ではない。もし中央から派遣された部外者が、この地を接収することになれば、それこそ坂東桓武平氏の危機となるからである。それに将門が藤原忠平を「私君」と仰ぐ身であることも忘れてはならない。たとえ国香と良兼がどれほど入念に準備して、正当な論理を訴えたとしても、中央政府が将門寄りの贔屓裁定をくだしたら、それで終わりとなってしまう。

こうして「田畠」の諍いが「女論」の前にあり、そこに「合戦」が起こって、両陣営は決裂するに至ったのだろう。

野本合戦がスタートするとき、すでに将門は下総国豊田郡に良兼の娘と一緒に暮らしていた。おじたちに懐柔されることなく、「女論」を切り抜け、「田畠」を自ら経営する姿勢を明らかにしていたのである。

険悪なおじと甥

その後、国香と良兼は自分たちから将門に合戦を仕掛けなかったが、その与党的な立場にある人物——たとえば平氏ではない姻族やその伴類——が、将門ならびに与党・配下・住民へ嫌悪感を示し、挑発する振る舞いは容認していただろう。推奨していたかもしれない。

野本合戦の発端は現存する『将門記』に何も書かれていないが、『歴代皇紀』によれば、「平真樹に語られ」たこと、つまり平真樹という人物が将門に相談したことで、「承平五年二月、平国香ならびに源護と合戦」に至ったという記述が見える。

このとき、『将門記』の記録では、将門と源扶《たすく》が野本合戦を行ったことが記されている。

扶は源護の長男であるから、将門は嵯峨源氏一族と抗争したわけである。

平真樹という人物は、ほかに記録がないので詳細は不明ながら、通説では真壁郡大国玉（茨城県桜川市）の豪族とされている（赤城一九七二）。大国玉には将門の妻が祀られる「后神《きさき》社」（桜川市大和）があり、その女性は真樹の娘だったとする説もある。ただ、将門に妻が複数いたとする話は後世に生じた伝承の類であり、実際には将門が側室を持った形跡はない。なお、真樹は上野国出身とする説もある。

ともあれ、真樹が将門派の豪族だったのは間違いない。事情は不明だが、真樹は源護とその一族と対立していた。護は常陸国の「大掾」から土着したもので、護の娘は良兼ならびに国香の妻だった。そこで敵の敵は味方と捉えたか、または逆にともに仲直りする計画を模索したものか、いずれにしても真樹は将門を頼って相談を持ちかけた。

嵯峨源氏との直談判

嵯峨源氏一族は平高望が坂東に入る前から常陸国に土着しており、平高望は息子の国香と良兼と良正の三人を護の娘たちに婿入りさせることで一族の地盤を固めていた。

こうして常陸国には常陸大掾・国香が、下総国には下総介・良兼が根を張っていた。将門は、おじたちが強気に出る背景に、嵯峨源氏一族の存在があることに気づいていて、「女論」ならびに「田畠」の諍い以来の憤懣を蓄積していただろう。少なくとも新治《にいはり》郡大串に拠点を構える源扶と、毛野川《けぬがわ》の沃野を挟んで豊田郡に拠点を構える将門が、お互いの事情に無頓着であったとは思われない。

この合戦は、巷説では何の敵意もない将門が突然、源扶らの襲撃を受けたように紹介されることが多い。確かに『将門記』には、扶らが将門を待ち伏せていた事実を記している。だが、より読み進めていくと、常陸国の野本は将門領ではなく、国香領として焼き払われている。すると合戦の発端は、将門が軍勢を率いて源氏ならびにおじの領地へ差し迫ったことにあるようだ。

将門の狙いは直談判にあったのだろう。これは憎悪や領土拡大の野心があっての武装行動ではない。なぜなら後述するように、将門は野本で突発的に源扶らを戦死させたあと、その領地を急襲して、伯父の国香まで殺害するが、将門の動きは無軌道で、対する嵯峨源氏と国香側もまったく無防備であることから、両軍ともに予想外の展開に直面していると言わざるを得ないためである。それに戦後の将門は一片の地も得ていない。

将門の行動は誰も想定していない行き過ぎた反撃であった。もし将門がもともと好戦的で、かねてから軍勢を練り回らせて勢力を伸張させていたのなら、平国香は拠点の防備を固め、無様に焼き殺されることもなかっただろう。源護にしても息子たちだけに任せることなく、自ら出動して対応を試みたはずである。

将門はこのとき、積極的に加害する側に立ったわけではない。これから述べるように野本合戦は将門も望まない合戦だったからである。

【将門の合戦2】野本合戦

国香・良兼およびその姻族の振る舞いは、将門にとって忍耐の限度を超えるものがあり、内外に合戦を後押しする声も多かったことだろう。

承平五年(九三五)二月(『和漢合図抜萃』は「二日」と記すが、信憑性は不明)、将門は常陸国「野本」の地で、坂東の嵯峨源氏一族と争うこととなる。

野本の現在地は不明だが、ここからは『将門記』の文章を引用しながら読み進めていくことにしよう。

裏(裏)等、野本□□扶らが陣を張り、将門を待ち伏せていた。遥かにその軍のようすを見たところ、いわゆる軍用の旗の神に向かって、旗をなびかせながら鉦を打っていた。ここで将門は、やめようと思うことができず、進もうとする理由も思い至らなかったが、それでも身を励まして奮起し、刃を交えて合戦した。将門は幸いにも順風を得て、矢を射れば流れるように的中して、扶らは奮闘したがとうとう負けてしまった。その結果、戦死する者は多数にのぼり、生き残る者はもはや少なかった。

これが野本合戦を伝える記述のすべてである。

冒頭にある「裹」はおそらく人名である。これを摂津国西成郡渡辺村より起こった嵯峨源氏の門流を出身とする常総地方の豪族「源裹《みなもとのなか》」で、扶・隆《たかし》・繁《しげる》の父として息子たちを指揮していたという説もある（中山一九八五）。だが、同名の人物はどの史料にも見出せず、印象の悪い「裹」の字が人名に使われるのは不自然という疑念もある。

この「裹」の部分はかすれていて読みにくく、原文ではくずし字でよく似ている「裹《つつむ》」である可能性も指摘されている（村上二〇〇八）。中世の古文書にも裹と裹で判読困難なものが見られる。野本合戦は、源裹という人物が主犯として、平真樹と対立する源護の息子たち（扶ら）を率いたと考えられる。

源氏の成員として、裹と扶がいたほか、扶の弟である隆と繁がこの合戦で亡くなっていることがわかっている。しかし軍隊の配列と人数は一切伝わっていない。扶は護の息子だが、裹がどういう立場にある人物だったかも不明である。護の兄弟で、扶らにとっておじの立場にあったと仮定するのが妥当だろう。

なお、先に述べたように野本の現在地も確定できていない。通説では茨城県筑西市中上野周辺とされている。『新編常陸国誌』によると、真壁郡の南方、上野村赤浜の西にある小貝川沿いの草原地域ともいわれている。異説では中上野より遥か西方の結城郡八千代町「野爪」も有力視されている。本と爪の草書体が似通っているためである。

だが、野爪の地は、源氏よりも将門の本拠地に近い。将門は野本合戦の直後に「野本・石田・大串・取木」を襲撃して、焦土攻撃を仕掛けているから、このひとつである野本も敵地と考えるのが適切である。それに野爪は、このあとに続く「石田・大串・取木」の三つの地域からあまりにも距離がありすぎるので、ここは通説に従っておく。

いずれにしても将門はここで進退に迷った。「やめようと思うことができず、進もうとする理由も思い至らなかった」と記されているように、合戦に逡巡したのである。これは「扶等が陣を張つて通路を截《き》つて戦《たたかい》を挑んだ」（幸田一九一九）とか「不意を打たれて進退に窮した」（古典一九六三）わけではないだろう。将門はできれば戦いたくなかった。しかし源氏軍の挑発を目にして引き返すこともできず、覚悟を決めなければならなかったのである。

将門はここで決断した。白刃を力強く握りしめ、前進したのである。かくして将門と源裏・扶の両軍が激突するに至った。いったい何が将門を迷わせて、交戦を決意せしめたのだろうか。

その答えは、先ほど引用した史料に記されている。このとき、扶らは「軍用の旗の神に向かって、旗をなびかせながら鉦を打って」いた。「軍幡《いくさのはた》」や「鼓鉦《つつみかね》」の兵具は、蝦夷地の鎮圧に赴く鎮守府将軍の上兵が用いる官給の指揮用品である。律令制下では民間の私有が固く禁じられていた（『養老令』軍防令・私家鼓鉦条）。私闘や反逆を抑止するためである。それを坂東の源氏一族は公《おおやけ》の兵庫または私の密造品から持ち出し、日中堂々と打ち鳴らして、将門を威嚇したのである。

かつて「滝口武士」として、遵法精神を叩き込まれた将門にすれば、許しがたい蛮行に見えたであろう。しかも扶らは、正規の兵具と戦争の態勢を私的な紛争で脅迫の道具にしておきながら、本気で戦う意思などなかった。扶らの覚悟がどれほど浅かったかは、真剣で応戦する将門に鎧袖一触《がいしゆういつしよく》で惨敗を喫した挙げ句、事後対策もなしに将門のなすがまま本拠地を蹂躙されていることからもわかる。

扶らは合戦の装いによって交渉を優位に進めたいという虫のいい心算でいたのだ。そのバックには平国香と良兼がついていた。親類一同を相手に戦う度胸が将門にあるものかと高を括り、見下していたのである。

強訴の目的は、平真樹と源護の間に生じた問題——領土問題など——から、将門の介入を退かせることにあったのだろう。

将門はこの四年ほど、国香・良兼との緊張に距離を置き続けてきた。前に進めば、おじたちとの冷戦関係を自ら終わらせることになる。だが、ここで引き下がれば、真樹からの信頼を失い、領内外から誹りを受けるのは必定だった。

親類との戦争か、それとも退いて汚名を受けるか。将門は進退に躊躇した。もしここで馬首を返していたら、将門は一生うだつの上がらない日々を送り、新皇を名乗ることもなかっただろう。そうすると日本に侍は誕生しなかったかもしれない。だが、ついに覚悟を決めた。扶らの挑発に乗ることにしたのだ。

将門は当時最先端の兵器である〝毛抜形太刀《けぬきがたたち》〟を抜き放つと、真っ先に駒音を轟かせたであろう。血煙を上げながら、敵勢を翻弄するその勇姿は、敵味方の双眸を捉えて離さないものがあった。

この戦いで将門方は「順風を得て、矢を射ること流れるが如く、思いのまま命中」したという。順風は偶然ではなく、機先を制して地理的優位を得たのだろう。

密集していた扶らは、将門の鋭い弓射に抗する術策などなく、惨たらしく殺されていった。将門方に大きな被害は見られず、かたや扶らの兵は「生き残る者はもはや少なかった」とあるので、ほとんど一方的な虐殺と化したようだ。

野本合戦は将門の勝利に終わった。

一方的勝利の理由

源氏方の戦意は低く、単に挑発する意思しかなかった。将門はこれに本気で応戦した。大勝した将門は、勢いに乗ずるかのように、そのまま源氏方の拠点「野本・石田・大串・取木」を次々と襲撃して、その家屋を焼き払った。

通説の比定地による将門の侵攻地
源護を探索して野本を焼いたあと、石田を焼くと、再び野本を通って大串を焼き、そして取木に向かったらしい

> 二月四日になると将門は、野本からはじめ、石田・大串・取木を与力の小屋に至るまで、家屋をすべて焼き払った。火から逃げようと家から飛び出す者は飛来する矢に驚き、焼け落ちる家の中へ戻って泣き叫んだ。□□の中にあった千年の蓄えも瞬く間に焼失してしまった。また、筑波・真壁・新治の三郡で、伴類の家屋五〇〇あまりを焼き払った。悲しいことに男女問わず薪のように焼かれ、珍しい財宝は他人の手に分配されてしまった。三界（欲界・色界・無色界）では、この世の財には五つの主（王・賊・火・

水・愛されない子）がいて、決まった定めはないというが、このことをいうのだろうか。

二月四日に将門が焼き払った地は通説によると、野本＝筑西市中上野（あくまで仮定の説）、石田＝筑西市東石田、大串＝下妻市大串、取木＝桜川市本木に比定されている。

石田には平国香の居館が、大串には源護の居館があったとされている。このとき、国香はあっさりと殺害された。源護は野本合戦で息子の扶らを失ったものの、かろうじて生き延びることができた。

さて、通説によるこれら四つの比定地は、おおむね将門の本拠地・鎌輪之宿から約一三キロメートル、石井営所から約四〇キロメートル北東に並んでいる。いずれも将門の勢力範囲外である。小説や評伝では将門が自分の勢力圏内を移動していたところ、道先に敵軍が待ち伏せていて、卑怯な攻撃を仕掛けたように説明するものがある。

だが、将門は敵地の「野本」を進んでいたのだから事実と相違する。かれは自らの意思で源氏の本拠地めがけて進軍したのである。双方とも軍勢を引き連れての直談判を目的としていたのだろうが、源氏方は私的な紛争にも拘らず、正式の戦争に挑む官軍の装いで会見に臨んだ。

これを遠望した将門は、進退に悩まされた。官軍を偽装する集団と交渉の席に臨めば、私の判断で公の官給品を持ち出し、正式の軍隊を装う源氏の無法に屈したことになる。さりとて退けば、まるでこちらが賊軍のようになる。

ここで将門は気を引き締めて、眼前の無法を撃つことに決めたのだ。

合戦に快勝した将門たちだったが、自らの行為に恐怖したものか、あるいは怒りを抑制できなくなったものか、衝動的な勢いで源氏方の拠点を次々と急襲していった。一連の放火は家から逃げた者を射殺しているところから、人探しを目的としているようだ。源氏一族を根絶やしにしようとしたのだろう。現に、国香の妻のうち源氏出身の女性は殺されたが、もうひとりの下野国出身の女性は殺されずに放置された。彼女については後述する。

いずれにしてもこれが双方にとって突発的な行動だったのは間違いない。「野本・石田・大串・取木」の者たちは、何ら対抗する準備もしておらず、ただ家屋を焼かれ、射掛けられる弓矢に怯え、殺されていくばかりであった。

問題の根源である扶の父・護は、野本合戦のことなど知らず、遠方で安穏としていたのかもしれない。将門の領内侵入と焼き討ちにろくな対応ができず、逃亡して一命を取り留めたものの、拠点を悉く焼き払われ、再起して反攻する余力をすべて失うこととなった。

破壊と殺戮を終えた将門方は、敵方の財物を取り分けて帰陣した。

これが野本合戦と、その後に行われた破壊と濫妨のすべてである。

前例のない焦土化

ところで野本合戦後の将門による破壊と略奪すなわち焦土化を「この時期の戦闘では、勝利したあとでも、敵方を焼き尽くす焦土作戦が一般的であった」「集団闘争、夜襲や焼打ちによる焦土戦は、都の武官の個人芸（騎射）とは隔絶している」と評価する向きが強い（川尻二〇〇八、荒井二〇一七）。

だがこれはほんとうに「一般的」だったのだろうか。将門以前の争乱に類例を求めても、豪族が豪族の生産地を襲い、破壊して略奪する記録は希少である。当時は、中世のように相手の領土の奪取を目的とする侵略戦争および全面戦争がまだ一般的ではなく、長期的な戦略的見地に立って敵勢の威勢を落とす必要はなかったはずだ。

敵地を焦土化させる行動を、京都の武官と縁遠い地方の風習と見なすのも実情に反しているだろう。京都方の官軍が賊徒や反乱を討つとき、懲らしめ・見せしめ・戒《いまし》めとして、敵地を焦土化せしめる光景はしばしば繰り返されている。

官軍による焦土化の例

豪族同士の抗争では珍しかったが、官軍や検非違使など公の武力は、ときとして殲滅戦を敢行し、敵地を蹂躙することもあった。

たとえば、延暦一三年（七九四）一〇月、蝦夷制圧に赴いた一〇万の大軍が、「斬首四五七級、捕虜一五〇人、獲馬八五疋、焼落七五所」の戦果を挙げている（『日本紀略』）。最後の「焼落」は敵の集落を焼き払ったものである。

武人出身の受領たちも、領内の盗賊や妖巫を相手に殲滅戦を仕掛けた。たとえば美濃介・藤原高房《たかふさ》は「単騎入部して、その類を追捕」した。畿内の治安維持にあたった丹墀門成《たじひのかどなり》は諸国の賊徒に「猛政」を加えて鎮めた（『日本文徳天皇実録』仁寿《にんじゅ》二年［八五二］二月壬戌、仁寿三年三月壬子条）。

朝野貞吉は過剰な盗賊退治を繰り返して、領内は「囚徒は獄に満ち、仆《たお》れし骸は道を塞ぐ」惨状を呈するほどだった（『藤原保則伝』）。公権力の武力行使は、ときとして行き過ぎた暴力に至った。

将門以前と将門以後で異なる合戦の後始末

官軍の戦争と比べると、地方の兵と兵が勝敗を決しても、基本として破壊と略奪は避けられていた。

将門以前、戦後の焦土化が一般的でなかったことは、将門以降の戦乱で坂東が荒廃し、復興困難になった事実からも認められる。

同時期に藤原純友が瀬戸内海で暴威を振るった西国は、海上と沿岸地域での紛争がメインだったため、生産地の被害は軽微であった。だが坂東では、将門が先例のない焦土化行動を行い、敵対勢力も報復として同じ手段を繰り返したため、現地の生産能力は著しく衰亡してしまった。

のちに将門が戦死したあと、相模・安房・上総・下総・常陸の五ヵ国は長らく再興することがかなわず、二年間の「給復（租税・賦役の免除）」が認められた（『北山抄《ほくざんしょう》』［巻一〇］）。将門の死から六五年後、藤原実資《さねすけ》の日記『小右記《おうき》』寛弘《かんこう》二年（一〇〇五）一二月二一日条にも、全国に課される規模の造営行事があったとき「坂東に至りてはすでに亡弊国、あえて宛つべからず」として、賦役を特別に免除されている。中央政府はこの時期になってもまだ坂東を曠野《あれの》と認識していたのである（寺内二〇一五）。

源氏殲滅で一線を越えた坂東

将門はまるで京都方の官軍が賊徒を討つようにして源氏の根絶を試みた。官許もなく兵具を私事の交渉に持ち出した源氏の無法と不覚悟を、この世にあっていいものとは思わなかったからだろう。

それまで坂東で繰り返されてきたであろう豪族と豪族の小規模紛争は、これにより一線を越えた。将門は坂東の嵯峨源氏を自らの大義によって完膚なきまで叩きのめした。源氏の生き残りに、もはや将門と対峙できる武力はない。しかも大義と道理は将門にあったというのが、周囲の認識であったようだ。巻き添えを食らった国香の息子ですらも、悪いのは将門ではないと考えるほどだった。

だが、源氏の類縁はすでに平氏一族の奥深くに及んでいて、将門への憎悪は見知らぬうちに広がっていく。

第三章　平良兼・良正の襲撃と源護の策謀

源護を保護した平良正

平将門の焦土攻撃により、嵯峨源氏一族は再起不能に陥った。国府の受領は終始見て見ぬ振りをして、合戦後も「国吏・百姓はこれを視て哀慟する」のみであった。将門は、これですべてが終わったと一息つく思いだったかもしれない。

しかしこのとき常陸大掾であり伯父である国香を死なせたことと、敵方の中心人物である源護を討ち漏らしたことが、大きな禍根を残すこととなった。

護はこの騒動のなか、義理の息子で国香の弟である平良正のもとへ逃げ込んだ。護の娘は良正の妻である。

護の娘三人はそれぞれ、国香・良兼・良正の妻となっていた。

良正は『将門記』によれば、常陸国水守《みもり》営所を本拠としていた。「営所」とは住み心地のいい貴族的な寝殿造の居館ではなく、軍事施設としての機能を重視する無骨な城塞である。この地でささやかに私営田を開こうとしているところだったのかもしれない。

激怒した良正は、甥である「将門の身を誅する」と言い、反将門派の筆頭を自任して、忙しなく打倒将門の画策に動きはじめた。

良正は「寂《しず》かな雲の心」を持っていたと『将門記』は記している。もともと大人しい性格だったのだろう。それが妻の実家を焦土にされたことで怒り狂った。

奔走する良正

かれは常陸国中を何度も行き来して、源氏の遺族を呼び集めはじめた。「干戈《かんか》の計」（戦争準備）を進めるためである。

良正は高望の妾の子で、平氏一族のなかでも格下だった。立場的にも精神的にも、妻の実家である源氏への依存が大きかったらしい。このためか『将門記』は「源氏の悲嘆ばかりに肩入れして、肉親の道を忘れてしまったのだ」と、良正に冷淡である。

そうこうしているうちに良正の軍勢が整った。これを見た源護は、相好を崩してひどく喜んだ。良正が見せた「威猛の励み」が、家族と居館を失った護に希望を与えたのだ。

それにしてもなぜ護は平良兼ではなく、良正を頼ったのだろうか。どちらも護の娘を妻とする娘婿のはずである。

この頃、良兼は上総国で「仏道」に執心しており、長兄の国香ならびに義兄弟の源扶・隆・繁が将門に殺害されたにも拘らず、遺体の引き取りに人を遣わしてすらいない。国香の遺族が将門に和談を打診していることも知らなかった。

被災地には遠近から、親類・縁者の安否を案じる人々が探訪していた。また楯を棄てて逃げ延びた兵も各地に散っていた。これが良兼の耳に入らないはずがない。だが、このときはまだ「合戦を好まず」の基本姿勢を崩すまいとしていた。

護も良兼に事態を報らせようとはしなかった。〝臆病者〟と見下していたのだろう。それに仮に将門を倒したとして、あとから顔を出した良兼に功績を横取りされても不快である。

再戦を期すなら平氏一族で不遇をかこつ良正のほうが素直で利用しやすい。良正も護の期待によく応えた。いまこそ自分の威勢を見せてやらんとばかりに熱心である。これからの合戦は良正にとって、確かな自尊心を得るのにまたとない機会だった。

ただし良正はあくまで源護の代理戦争を請け負う立場である。この段階で起こる闘争は、嵯峨源氏と将門の延長戦に留まるものと見なければならないだろう。

【将門の合戦3】川曲村合戦

いよいよ護が待望するその日がやってきた。

平良正は合戦の常法通り、兵に楯を背負わせて、進軍を開始した。このとき良正は、挑戦状を携える使者を将門のもとに遣わして、常陸国新治郡と下総国結城郡の境目にある「川曲村《かわわむら》」（八千代町新井付近）を合戦場にしようと提案した。

平安時代の豪族同士による合戦は、中世武士が不意に出没して遭遇戦を仕掛けあったのと異なり、双方が合意できる場と時を定めたのち、そこで正々堂々と行うのが主流だった。決戦状を受け取った将門は一〇月二一日、川曲村へ向かった。約束通り現地に良正が待っていた。両軍ともに声を張り上げ、おのおの白刃を振り上げて打ち合った。

野本合戦から八ヵ月目、承平五年（九三五）〝川曲村合戦〟が開始された。合戦の様子を『将門記』の記述から引用しよう。

案のごとく討ち合い、命を棄てて、おのおのが合戦した。だが、将門に武運があり、すでに勝ちが見えてきて、運のない良正はついに負けた。射殺した兵は六〇人あまり、逃げ隠れる者は数に限りがなかった。こうして翌日、将門は本拠地に帰った。

その描写は短い。互いに声を揚げて、存分に戦ったが、緒戦から将門に勢いがあって、勝利したようである。将門は弓射による追撃で、良正の兵六〇人あまりを討ち取ると、翌日無事に帰陣した。

将門は易々と勝利したのである。

甥・将門との対戦は、良正にとって荷が重すぎたらしい。無残な敗北であった。これで将門の強さが本物であることが証明された。京都で磨いた武芸、亡父の遺領で整えた軍備、そして坂東で鍛えた戦場の駆け引きは、すでに油断ならないものに育っていた。

風を求める稲妻の良正

敗北した平良正は「兵の恥」を周囲に語り回されて、いたたまれない身となった。しかも、かえって将門の武名を高揚せしめることになってしまった。このままだと良正は敗北者として蔑まれ、水守営所に逼塞《ひっそく》するしかなくなる。焦燥感に駆られた良正は、今度こそ将門を討ち滅ぼしてくれると「敵対の心」で奮い立っていた。

だが、もはや独力で将門に対抗するのは難しい。そこでなりふり構うことなく、舎兄の平良兼に宛てて、次の手紙をしたためた。

稲妻の響きが起こるのは、風雨の助けによるもの。また、白鳥や鶴が雲を越えて飛べるのは、翼の羽ばたきがあるから。願わくば力を合わせて、将門の乱悪を鎮めませんか。そうすれば国内の争乱はおのずから停まり、動揺する貴賤の人々の心も収まっていくことでしょう。

良兼は上総国武射《むさ》郡の居館で手紙を受け取った。このとき、「ついにこの時が来た」と諦観したらしい。すでに予兆はあった。
これまで良兼は将門の動きに特別の注意を払おうとはしなかった。娘を奪われて以来、意識的に将門の動向が視界に入らないようしていたのだろう。関わりを深くすると政治的選択肢を奪われ、全面戦争に入るほかなくなってしまうからだ。
だが、将門に敗戦した舎弟が泣きついてきた以上、もはや黙止してはいられない。手紙を置いた良兼は、良正の使者に宣べた。

わが舎弟（良正）が「昔の悪王は、父殺しの大罪を犯すこともあったそうです。（それなのに）どうして今の世でなされている甥の野心を黙って見ていられましょう」と言うのも、無理のないことと思う。なぜなら最近、外戚の（源）護も同じことを愁訴しているのだ。この良兼は、もはや身内の年長者。どうして（源護や平良正を）助けずにおられよう。速やかに兵器を整え、密かに時節を待つがよい。

良兼は良正の使者に、これまで源護からも愁訴が重ねられていたことを知らせた。そして、自分は「姻娅《いんあ》の長」（姻は婿の父の意味、娅は「あいむこ」とも読み、婿同士の意味。総じて身内の意味）であるから、舎弟を見捨てたりせず、将門討伐に手を貸すと告げた。そして良正には合戦準備をして待つよう指示を発したのである。

これ以上、甥に力をつけさせるのはまずい。勢力差が開くのも危険だが、事態を重く見た朝廷が坂東に介入したら、将門に優位な裁定がくだされる恐れもある。しかも舎弟から正式に依頼された以上、一族の長老として黙って見過ごしてはおけない。

かくして将門にとって誰よりも厄介で、もっとも恐れるべき大物が、重い腰をあげることになった。

良兼は国香や良持と同じく、鎮守府将軍の経験がある。大軍を率いて蝦夷軍の鎮定に尽力した将軍が動くとなれば、坂東の全土も揺らぐ。

風を味方につけた良正

良兼の参戦を聞いた平良正は、まるで「水を得たる竜」の気持ちになり、飛び上がらんばかりに喜んだ。〝虎の威を借る狐〟と言いなおすのが正しいかもしれない。勝利を確信した良正は、『史記』に伝わる李陵（前漢・古代匈奴の軍人）のように自らを励ましたという。

付言すると、李陵は紀元前の前漢に仕える将軍である。辺境の戦地に赴いて匈奴と戦ったが、戦況が悪化するなか、味方を裏切って匈奴に与したと噂された。怒った皇帝が李陵の家族を処刑させたあと、すべては誤報と判明した。援軍を得られずに孤立した李陵は、一時的に降伏しただけだったのだ。李陵は世を儚く思いながら、匈奴の将になったという。

このとき良正が、李陵に心惹かれたのも理解できなくない。ふたりとも敗戦により、汚名を蒙って、ひどく孤立した点が同じである。前回の合戦で敗れた兵の遺族のなかには良正を恨む者もいただろう。

自分に戦争をけしかけた源護にしても、良正から心が離れ、良兼に声をかけるほどだった。義父から見限られたとあっては、その面目は地の底に墜ちたも同然である。返り咲くには、異母兄・良兼の力を頼るほかなかった。

良兼の参戦を聞くと、良正のもとへ矢疵を負っていた負傷兵が戻ってきた。身を隠していた逃亡兵も楯を修理して馳せ参じてきた。敗残兵たちが良正の再起に賭けたのである。

今度こそ風はわたしに吹いている——。良正はそう確信しただろう。

青年、花城より帰る

その頃、ひとりの青年が京都から坂東に戻った。

瑞々しい黒髪からは、若き憂いと気品が漂っている。

かれは弓矢の資質に恵まれ、武人として将来を嘱望されていたが、繊細なところがあり、顔色は愁眉に曇っていた。足取りも覚束《おぼつか》なかった。

ようようして虐殺と破壊の痕跡がまだ生々しい故郷にたどりついた。常陸国真壁郡石田の集落地である。自宅の門前に立つと、茫然として打ちひしがれそうになった。懐かしいはずの光景が、記憶とまるで違う凄惨な有様だったからである。

焼け跡からはまだ煙が立ち上っていて、戦禍の凶々しさを残していた。かれはここにたどりつくまで父母の不幸を想っては、胸のうちを焦がしていた。

源護の娘である継母も亡くなったが、実母は難を逃れ、どこか山野をひとりでさまよい続けていると聞いていた。

京都からの帰路、生き残った身内のことが心配でたまらなくなり、朝に起きれば涙が頬を伝ってやまず、夕方になれば立ち上がることもできないほど暗い気持ちに沈んでいた。

焼け落ちた邸宅を捜索すると、亡き父の遺骸が見つかった。少し前までこんな再会をするとは思ってもいなかった。実母の行方は人づてに尋ねて歩き、岩陰に隠れ潜んで暮らしていたのを探し当てた。

このほか、避難していた愛妻と愛妾も見つけ出すことができた。若者はこれでやっと生気を取り戻す思いがしたようだ。

若者の名を平貞盛という。厳父・国香の長男である。

国香は焼死体となり、亡骸は貞盛が探し出すまで放置されていた。豪族同士の合戦で本拠地を襲撃され、家屋と人命を焼亡するなど例がなく、奪われた日常をどうやって取り戻したらいいのか、誰も知らなかったのだ。

貞盛は「花の城」（京都）で「司馬之級」（左馬允）の官職に就いていたが、実家の不幸を知ると、朝廷に一年間の暇乞いを申し出て、郷里で散り散りになった家族の捜索にあたった。かれもまた時代の被害児であった。年齢は未詳だが、将門と同世代の従兄弟であるから、まだ年若い青年だったはずである。

貞盛は割合に器用な男で、妻ひとりを愛する将門と違い、妻と妾を同時に愛することができた。『尊卑分脈』によると、維叙《これのぶ》・維将《これまさ》・維敏《これとし》・維衡《これひら》と四人の子があるが、『系図《けいず》纂要《さんよう》』を見ると、維叙だけ「母・関口貞信女」とされていて、弟たちは誰が実母か記されておらず、かれらは妾腹の子だったことが暗示されている。うち維将は弟の子を養子に迎えたものだという（『平氏系図』）。

将門はこの地を焼き払い、楯突く者たちを射殺してまわった。貞盛はその痕跡を目に焼き付けていったが、その瞳に復讐の焔は灯らなかった。かれは将門を「本意の敵にあらず」と考えていた。従兄弟の逆上にも相応の理由があると推察していたのである。

貞盛は、この事件を平氏が身内で争った結果ではなく、嵯峨源氏が将門・真樹と争った結果であると考えていた。

ちなみに『将門記』は貞盛について「人の甘い言葉に依って、本意でなくても黙って同意してしまう」と評している。
貞盛は主体性が弱く、人に強く言われると逆らえないお坊ちゃん気質だったが、それだけに分別があった。将門との和睦を模索するつもりでいたのだ。

まだ気弱だった貞盛

京都で父の死を聞いたとき、貞盛は気が気ではなかった。亡父・国香は、源氏に味方したわけでもないのに、「縁座」として巻き添えを食らったのだという。これは将門の過失による偶発的横死であって、故意の殺害ではないのだと自身に言い聞かせたであろう。
貞盛の心情を『将門記』は次のように伝えている。

将門の宿敵は、あくまでも源氏の身内だけ……。そしてこの貞盛は末席ながら国家警備の身として宮仕えする立場。本来は京都へ戻り、本職に務めて進級を志すべきだが、粗末なところに住むやもめの母は、わたし以外に養える者がいない。田畠もたくさんあって、わたし以外に管理できる者がいない。(ならば)将門に誼《よしみ》を通じるのがいいだろう。京都と坂東の関係を密接にするためにも、ふたりの親密な関係を確かなものにして、国家を安心させたい。(将門方に)この旨をちゃんと伝え、仲良くできそうなら、直接の対面をしておきたい。

坂東の武人らしくない、お人好しの思考法であるかもしれない。少なくとも中世武士の思考法とはまったく違っている。

中世武士は徹底報復を旨とする。舐められたら終わり、やられたらやりかえす、それも殲滅するまでやる。だが、この時代の兵にはまだそうした気風が薄かった。京都的な思考法に慣れた貞盛はなおのこと、坂東の荒っぽいやり方に馴染めないでいた。

将門を恨んでも仕方がない。坂東の実力者である従兄弟・将門の言い分を聞いて談合しよう。実母と田畠の先々を考えれば、それがもっとも合理的だと考えたのである。

貞盛は父の死から一年ほど、喪に服して過ごしながら、将門との和睦を整えていく。直接の対面もあったことだろう。洗練された語りを得意とする貞盛だが、心中穏やかではなかったはずだ。ただでさえ口下手な将門も説くべき道理がなかった。交渉はぎこちなく動いただろう。

そしてその背後では、源氏の身内であるおじの良兼と良正が、憎き甥をどうやって殺すかに意を注いでいた。

良兼、貞盛を戒める

良正のもとに兵が再び集まった。

族長格の良兼が動いたのだ。

野本合戦から一年以上過ぎた承平六年（九三六）六月二六日、良兼が隊列を整えると、雲の群がるように常陸国へ兵が集まった。

上総・下総両国では、国庁が「禁遏《きんあつ》」（自重を促す抑止令）を加えていたが、兵はいずれも「親戚に会いにきた」と言って、各地関所の制止に構わず、上総国武射郡の間道から下総国香取郡の神前《こうざき》（香取郡神崎町）に移動した。そして、常陸国信太郡菁前《しだえさき》の津（稲敷市江戸崎町）に渡り、明朝には良正の水守《みもり》営所（つくば市水守）についた。

大軍を引き連れてきた良兼のもとに急いで参上した良正は、「不審」に思うところを述べた。それは国香の長男・貞盛にやる気が感じられないということだった。将門と貞盛の和睦は、一族間には秘密裡に進められていたらしい。

良兼の陣中に、その貞盛が姿を現した。貞盛は、かつて祖父の平高望から、虎の皮で縅《おどし》を施した鎧《よろい》を預けられていたという（『源平盛衰記』）。事実なら、晴れ舞台にふさわしい先祖代々の衣装として着用していただろう。良正は、その勇ましさは装いばかりで、戦意がないと見抜き、良兼に「不審だ」と告げ口したのである。すでに一族筆頭たる良兼は、貞盛に辛辣な皮肉を投げかけた。

「聞くところによると、わしの身内に将門と慇懃にしている者がいるらしい。兵にあるまじき者よな。兵ならば名誉が一番のはず。なぜ私財を掠奪され、親類を殺害されながら、敵に媚びる道理があろう。いまこそ、我らと共闘するのが当然ではないか。なあ、どう思う?」

どうして将門に媚びへつらう道理があるだろうか。兵として立ち上がれと、貞盛の心得違いを咎めて、威迫したのである。

かつて鎮守府将軍として幾万の兵を操っていた良兼の声色には、凄みがあっただろう。否をいえば、殺されるかもしれない。

貞盛は将門と和談交渉を進める身であったが、ここで自らの本意に反し、将門を裏切って良兼方に与する者となってしまった。

良兼の挙兵は国庁の制止を振り切っての私闘であるが、国香の長男が看板に加われば、兵たちも胸を張って参戦できる。ぎりぎりの非法を犯す挙兵だけに士気高揚の種として少しでも大義名分を集めることが大切であった。

こうして集まった大軍は大地を響かせ、草をなびかせながら、長い列を作った。目指すところは下野国であった。

下野国に向かった良兼軍

このとき良兼が、なぜ将門のいる下総国ではなく、下野国に向かったのかは不明である。下野国には国香の前妻（貞盛実母）の兄弟がいた。下野国でも有力な歴戦の古豪である。良兼はかれの参戦を促しに向かったのではないかとする説がある。

たしかに官吏の公認を得られない私闘を強行するなら、数にものを言わせて、朝廷から叱責されない既成事実を作るのが望ましい。

良兼は諸国の兵士を集められるだけ集め、将門の本拠地に改めて進軍しなおし、武威をもって辱めるつもりだったのだろう。

【将門の合戦4】下野国境合戦

火急の知らせを受けた将門は、事実を確かめるため、わずか一〇〇騎あまりの手勢を率いて、下野国境に向かった。

一〇月二六日、下野国庁（栃木県栃木市田村町。当時の国府に置かれた役所）付近の国境で、将門は、数千の大軍を催す良兼らの姿を視認した。

兵と馬はよく栄養を摂って肥えており、武具もまた十分に行き渡っていた。それに引き換え、将門たちは度重なる戦闘で、兵器も人手も足りていない。この時代、金銭で流れ者を雇い入れる足軽や雑兵のシステムはまだなく、失われた兵力の回復には年月を要したのだ。

このとき良兼は将門が少人数で現れたのを見逃さなかった。大きな楯を垣《かき》のように連ねて築き、切り込むように差し迫ったのである。すぐに白兵戦へ移るのではなく、数にものを言わせて力押しする作戦だった。慎重で確実な戦法である。

しかし将門は、圧倒的な戦力差を見ても怖気づかなかった。

それどころか、敵が押し寄せてくる前に歩兵《ふひょう》だけで急襲しようと考えた。古代日本の用兵は、最前列に楯を並べ、その背後から弓矢で遠距離戦を展開するのを常道とした。ところが将門はこの裏をかき、いきなり白兵戦を挑んだのだ。

常識的に考えると、確実に負ける自爆的な愚策である。だが、将門の兵は脇目も振らず、斬りかかった。すると、良兼の兵は捨て身の反攻に驚き、楯を棄てて退きはじめた。そこへすかさず将門の騎兵が、背後から射かけてきた。ここに歩兵と騎兵の連携がピタリとはまった。〝戦う者と戦う者〟が、たちどころにして〝逃げる者と殺す者〟へと転じたのだ。

こうなれば兵力差など関係がない。総崩れである。

まるで魔法のように勝負がついた。予期されない攻勢に打ち出て、正面から奇襲状態に持ち込んだのが将門の勝因だった。

敵将を見逃す将門の甘さ

将門方が騎兵八〇騎あまりを射倒す。思わぬ敗勢に良兼は慌てた。恐怖した兵たちは楯を引いて撤退を開始した。将門はそこへ「鞭を揚げ、名を称えて、追い討ち」を仕掛けた。数十倍もの大軍を瞬時に破り、追い回すその姿は鬼気迫るものがあっただろう。

進退窮まった良兼たちのうち、一〇〇〇人あまりが下野国庁へ避難した。役所が抑止する私闘をその眼前で行っていながら、助けを求めて逃げ込んだわけである。

将門はここで思慮を巡らせ、情けをかけることにした。


「毎晩夢に見るほどの宿敵だが、血筋を辿れば疎遠な間柄ではなく、家系を振り返ると骨肉の間柄である。夫婦は瓦葺《かわらぶ》きのように密接だが、親戚は葦葺《あしぶ》きのように隙間《すきま》だらけだという。とはいえ、ここでひと思いに殺せば、遠近の諸国から批難されよう。よって上総介（良兼）ひとりだけその身を許す。逃してやれ」

そう告げて国庁西方の包囲を開かせた。これを見た良兼が抜け出すと、次に一〇〇〇人あまりの兵が九死に一生を得たとばかりに、一目散に逃げ出した。

将門は意外にも身内を討つことで悪評が立つのを恐れたのだ。

これは公職の「介」である良兼が国庁に逃げ込んだ事実を重く見たためでもあろう。将門の遵法意識が作用したのである。

将門は「良兼ひとりだけその身を許す」と述べたが、ここから良正は史料に姿を見せなくなる。主犯格として殺害されたのだろう。良正に吹いていたのは、順風ではなく逆風だった。一方、国香・良兼・良正を身内争いに巻き込んだ張本人の源護は参戦すらしていなかった。

おじだから、舅だからと考えて良兼を逃したのは、このあと起こる悲劇から考えると手ぬるいと思わずにはいられない。

それでも将門は、これで報復の応酬が終わることを期待して、良兼による「道無き合戦」(禁遏を無視して、私闘を催したこと)の経緯を、国庁に記録させた。国司は昨年丹波守から下野守に転任させられたばかりの大中臣定行《おおなかとみのさだゆき》であった。将門が公と法による秩序意識をもっていたことを読み取れる。将門は周辺にも事件の顚末を連絡させた。

翌日、本拠地に将門は帰陣する。

ここに常陸国をはじめ、上総・下総・下野国を揺るがせる坂東の連続紛争が、将門の勝利という形で終焉を迎えた。国吏・百姓ともに、ようやく訪れた平和に安堵する思いだっただろう。

安全圏から打たれた源護の布石

だが、事件の張本人がまだ安全圏に隠れ潜んでいた。源護である。護は合戦の結果に一喜一憂する平氏一族よりも狡猾だった。将門のみならず、貞盛や良正らをも捨て駒として利用する布石を打っていた。

現地で平氏一族を動かし、黒幕のようにして紛争の種を振りまきながら、裏で密かに手を回し、「これら紛争の原因は、将門と真樹にあります」と朝廷に訴えていたのだ。「告状」を受けた朝廷は、これを放置するわけにはいかない。現地調査したうえで動きはじめた。

朝廷は承平五年（九三五）一二月二九日にはすでに太政官符（太政官が下す正式文書）を用意していた。だが、それから八ヵ月間、官符の発送を保留していた。ことの推移を見届けるのに時間を要したのだろう。

九月七日、下野国境合戦から四〇日が過ぎる頃、その太政官符を携える使者が常陸・下野・上総国の坂東諸国に到着した。使者は左近衛府の番長《つがいのおさ》で正六位上である英《あ》保純行《ほのともゆき》と英保氏立《うじたち》と宇自可支興《うじかのともおき》だった。純行は源護のいる常陸国へ、氏立は平真樹のいる下野国へ、支興は将門のいる上総国へ向かったという。

そこで太政官は将門に、検非違使庁への召喚を要請した。話を聞いた将門の動きは迅速だった。四〇日後の一〇月一七日までに「火急の上道（上洛）」を果たしたのだ。平真樹も同行したであろう。京都方の心証を考えれば、まずは原告の護よりも先に駆けつけ、神妙かつ殊勝な姿勢を見せるのが最善であった。

検非違使庁へ召喚された将門

承平六年（九三六）一〇月一七日、京に上った将門は検非違使庁に出向き、その糾問を受けた。当時の検非違使庁に裁判権はなく、これは警察の取り調べのようなものであった。口下手な将門は、しどろもどろに応答したようだが、それでも話の内容に「仏神の感応（「仏神有感」）があり、道理に適うものとして、天皇からの哀れみと百官の理解を得たことが『将門記』に記されている。源護と平真樹も検非違使庁で応答があったはずだが、かれらについては記録がない。『将門記』の作者（またはその取材を受けた人物）は、将門が弁明する様子を直接見ていたが、護と真樹の問答は見なかったのだろう。

ところで「仏神の感応」という抽象的な表現が加えられているが、これは将門がかつての「私君」太政大臣・藤原忠平との縁故に頼ったことを物語っていよう。将門がこの一大事に忠平の縁を頼らないはずがなく、むしろこのような危急の大事のために、亡父は将門を忠平の家人へ進めさせたのである。

官符発布の責任は、太政官のトップ（発布時は太政大臣不在で、左大臣）にいた忠平に帰するから、将門の召喚は忠平の意向によるもので、現場が将門をどうするかも予め決まっていたであろう。また、忠平が直接介入しなくても、将門が自らの前歴を紹介する際、「かつて現の太政大殿（藤原忠平）に名簿《みょうぶ》を提出した身であります」と述べさえすれば、それ以上、糾問される恐れはない。

天皇には藤原氏の後ろ盾が必要だった。また、京都の官人にとっても、遠方にある坂東からの訴えに正当性があるかどうかより、眼前の被告が太政大臣と縁のある若者であることのほうが重要であった。しかも当時の検非違使別当は、忠平の長男・藤原実頼である。これで将門が重罪に問われるはずがないのだ。

かねてからの人の縁が将門を助けたのだから、それを運命の巡り合わせによるものとして、「仏神の感応」と表現しても確かに偽りではない。

かくして将門の罪過は軽微とされ、重大な刑罰を受けることもなく、しばらく在京することとなり、かえって畿内に武名をあげた。坂東の将門は強くて正しい人だと世評されたことであろう。こうして再起絶念の思いに直面した護は、将門の存在に怯えながら、歴史の表舞台から姿を消していく。

まもなく冬が訪れ、年が明けるが、将門はまだ京都に在った。

忠平と将門の再会

在京期間の将門がどこで何をしていたかは、どの記録にも書き残されていないが、可能な限りその様子を追ってみよう。

かつて少年期を「滝口武士」として過ごした京都には、いまでは有力者となった顔なじみの知り合いもいたことだろう。将門の生活を世話する者がいたかもしれない。今回の裁きから救ってくれた「私君」やその子息とも再会を期して、親しく声をかけられたのではないか。

この先、将門は太政大臣・藤原忠平から心配され、格別の厚意を受けていることからも、在京中に対面があったと考えるのが自然である。「私君」に坂東の生活を尋ねられれば、苦しい胸中を告白したに相違ない。

今回の手配とその後の忠平の心遣いから見て、滝口時代の少年・将門は、忠平にその人柄を愛されていたと見ていいだろう。

当時の国際的情勢

さて、ここで在京中の将門の耳目に入ったであろう情報をふたつほど紹介しておきたい。ひとつは異国の情勢である。承平五年（九三五）、朝鮮の新羅が高麗に帰順して滅亡した。半島は高麗に統一される途上にあった。

もうひとつは国内、西国の情勢である。翌年（九三六）六月、西国では海賊の横行が激しかった。特に南海道の荒れように朝廷は手を焼いていた。そこで伊予国の三等官である掾の藤原純友に宣旨をくだして、紀淑人《きのよしと》と連携して「追捕」するよう命じた。

かれらの働きはめざましく、すぐに海賊二五〇〇人あまりを帰降させると、衣食と田畠を支給して、農業に携わらせた（『日本紀略』）。

追捕とは必ずしも賊徒の殲滅を命ずるものではない。争乱の火種を断てばいいのであって、かれらを朝廷に帰服させ、問題を平和的に解決すれば、功績として認められたのである。

今回の純友は朝廷の期待によく応えて、談合や威嚇によって海賊を懐柔したものであった。これが追捕の典型で、海賊だった者がいつしか追捕使《ついぶし》（賊徒鎮圧官。承平二年［九三二］から非常時に設置）や押領使《おうりようし》（治安担当役人の引率者。八世紀末から非常時に設置。天慶の乱で現地豪族が任じられ、実戦に当たるようになった）に任じられるのはよくあることだった。

承平七年、天皇御元服による大赦

明けて承平七年（九三七）、一月四日に紫宸殿《ししんでん》において御歳《おんとし》一五になられた朱雀天皇の御元服があり、同月七日に「八虐」（謀反《むへん》、謀大逆《ぼうたいぎゃく》、謀叛《むほん》、悪逆《あくぎゃく》、不道《ふどう》、大不敬《だいふけい》、不孝《ふきょう》、不義《ふぎ》）を大赦する宣命が発せられた（「御元服恩赦事」／『狩野亨吉氏蒐集文書』一〇号）。

しかし将門はまだ許しを得られず、京都への滞在を強いられていた。

正月中、天皇や太政大臣らは年始行事の「射遺」「賭弓」「大饗」などに忙しかった。これらの様子を見聞きした将門は、すでに「滝口武士」の身を離れて久しい。一抹の疎外感を覚えながらも京都の冬景色を楽しんだかもしれない。

雪と霜が過ぎ、すでに桜も散って久しい四月七日、ようやく将門の恩赦が認められた。知らせを聞いて、将門は大きな笑みを浮かべた。

五月一一日、桔梗の花が梅雨に濡れる季節を前にして、将門は晴れて下総国に帰る希望がかなった。将門は「私君」の厚意、すなわち「仏神の感応」に救われたのである。

将門の帰国を待っていた良兼

将門が故郷に帰り着いた。

京都の建築群に比べれば、田舎びた造りであったが、それでも在京中、恋しく想い続けた我が家であった。愛する妻も待っていた。主人の留守中、領民たちも待ち焦がれていただろう。だが、将門が旅の疲れを癒す間もなく、動乱の予兆が起こっていた。

先年、将門に惨敗した良兼が憎悪を滾《たぎ》らせ、再戦準備に取り掛かっていたのである。京都の裁定など坂東に関係ないとばかりに、将門不在の七ヵ月ほどのうちに、兵を養い、武装を充実させていた。

根回しも入念になされていたらしく、時は今とばかりに大変な人数が集まってきた。良兼はかれらを率いて、下総と常陸の国境にある「子飼之渡《こがいのわたし》」（小貝川付近）へと歩武を進めた。

【将門の合戦5】子飼渡合戦

帰国したばかりの将門はすぐに兵を集められず、手立ても整えられなかった。しかも大赦により解放された身で、いわば執行猶予付き同然である。ここで争乱に関わることは極力避けたかっただろう。

それに将門は昨年の下野国境合戦で、良兼が下野国庁に立て籠もったとき、逃してやるよう手配するぐらい、身内との争いに辟易していた。

しかし良兼の憎悪は、以前より増していた。良兼は軍勢の先頭に「高茂王《たかもちおう》」（高望王）と

「平良茂《よしもち》」（将門の父・良持とする説もあるが、国香の前名と見るほうが妥当。『源平闘諍録《げんぺいとうじょうろく》』も国香の前名を「義茂《よしもち》」と記す）の「霊像」を打ち立て、矢を向けられるかとばかりに将門批難の姿勢を示したのだ。この様子を『将門記』から引用しよう。

八月六日、（良兼の軍勢は）常陸・下総両国の境、子飼の渡へと迫った。その日の軍容では、霊像を描いたものを陣の前に張り飾っていた。《霊像とは、故・上総介・高茂王の形ならびに故・陸奥将軍平良茂の形である》（そして良兼は弓矢の得意な）精兵を揃えて、将門に襲い掛からせた。

良兼の押し立てる霊像の絵を見た将門が、どれほど顔色を失ったことか想像に難くない。確かに京都では微罪とされ、その身を許された。だが、同族の胸中に残る遺恨がそれで消えるはずがなく、親類や祖先がいまの将門をどう思っているかは別だった。祖霊崇敬の心が、坂東人である将門の胸を深くえぐっただろう。

肉迫する身内の旗に戸惑った将門は、自ら前に出て督戦できなかった。随兵も同様に足がすくんだであろう。古代の武人は中世の武士よりも純朴だった。祖父親類の遺影を抱く者たちから〝一族の恥さらし〟と責められて、誰が立ち向かえようか。このときの将門も

「明神の怒りによって、確たる決断ができず」、ただ勢いに押されて退くしかなかった。

人数も武装も整わなかった将門勢は楯を引きずって逃げ出した。良兼の矢は容赦なく、その背を襲ったに違いない。このときの被害がどれほどだったか記録にないが、悲惨な撤退戦になっただろう。

良兼、怒りの焼き討ち

野戦が終わり、多数の死傷者が出ても、それで悲劇が終わるわけではない。むしろ前線の敗北は絶望の始まりを告げるものであった。

良兼は将門を敗退させると、なおも軍勢を進ませた。将門の本拠地・豊田郡へ侵入し、将門の伴類である多治経明《たじひのつねあきら》が別当として務める栗栖《くるす》院常羽御厩《いんいくわのみうまや》（茨城県結城郡八千代町栗山）と百姓の舎宅を焼き払ったのである。経明は命からがら難を逃れたようだった。

良兼は源護・扶父子や平良正と違い、将門の父と同じく鎮守府将軍だった前歴がある。「合戦を好まず」といわれていようと、一度動き始めれば、敢然とやる男であった。

それにしても京都で微罪とされたにも拘らず、将門を攻め滅ぼそうとするところに、当時の坂東の精神風土が読み取れる。憎き仇敵が公権に裁かれなかったら、私権でもって軍勢を催し、制裁することが俗習として許容されていたのである。

ときは昼すぎ頃であった。食事を終えて、かまどの片付けを終えている時間であったにも拘らず、不自然な灰が家ごとに舞い上がり、夜は逆に炊煙が立ち上らず、焼け焦げた家の柱が漆塗りのように黒くなり、艶色を放っていた。

夥しい煙が雲のように空を覆って、集落にくすぶる火種は燃え尽きず、夜空の星のように妖しく光を湛えていたという。

栄華を誇った将門の製鉄所が一日にして灰燼に帰したのである。翌日、坂東随一の武名を将門から奪い返した良兼は、この地を颯爽と引き払った。豊田郡の本拠地を失った将門は、屈辱の思いを抱きながら猿島郡の石井《いわい》営所へ潜み隠れた。

【将門の合戦6】堀越渡合戦

将門はせめて一矢ばかり報いて武名を後世に残すべく、または苦境を一日の決戦で急変させようと、鉾と楯を三七〇枚ほど揃え、通常の倍ほどの人数を集めた。

そして敗戦からわずか一〇日後の八月一七日、豊田郡下大方郷の堀越渡《ほっつ》(茨城県結城郡八千代町仁江戸)に密集して待ち構えていたところ、予期した通り、良兼方の軍勢が現れた。それは将門を見るや雷鳴のように声を喚《あ》げ、足音を響かせながら、大人数で押し寄せてきた。

ここで無理を重ねていた将門の体調が急に悪化する。

潜伏中に軍勢の再編を焦り過ぎて、限界を超えたのだろう。緊迫のためか、脚の苦しみが急に強くなり（「急労脚病」）、朦朧として指揮・督戦の精彩を欠いた。奮わない伴類たちはバラバラに押し崩された。押し返すこともできず、将門は退かざるを得なかった。

将門の軍勢が崩れると、もはや良兼の軍事行動を止めるものは何もなかった。将門領でまだ被害に遭っていなかった民家をことごとく焼かれ、豊田郡で収穫されたばかりの農作物も収奪された。多くの人馬が失われた。掠奪と破壊がすべてを踏みにじったのだ。

この有様を『将門記』は、「千人が群がるところでは草も木も茂らなくなるというが、このことだろうか」と記している。良兼勢の憎悪に満ちた放火と掠奪により、将門の郡域はことごとく衰亡させられ、生気を奪われたのである。

実父に捕らわれた娘

軍勢も領民も失った将門は、ここで家族とともに猿島郡葦津江《あしづえ》（八千代町芦ケ谷）のほとりへ逃れるほかになかった。敵の襲撃を警戒し、途中で妻子を船に乗せて、広河のほとりに送ると、これと別れて、山づたいに陸閑《むすへ》の岸に隠れた。

翌一九日、良兼は兵を解散して、猿島郡の道を通って上総国へ帰った。その日、七、八艘の船とともに向こう岸に渡った将門の妻たちは、そこで良兼方の兵に捕まった。雑物・

資具を奪われ、生け捕りとされた将門の妻は、烈しく怒りと怨みをあらわにした。

将門の脅威に怯えた良兼

逃げ延びた将門はなおも戦意を失わなかった。

それから将門がどのようにして反攻を続けたのか、詳らかではない。まるで生まれる前からの宿敵であったかのように、下総国の将門と上総国の良兼は互いに戦い続けた。そして、将門は領土をほぼ破壊されつくされたにも拘らず、良兼をなおも恐れさせた。

良兼は味方を増やそうと思ったものか、または上総国にいては危ういと思ったものか、身寄りのいる常陸国真壁郡へと向かった。良兼はあれほど強く叩いたはずの将門がなおも闘志を失わず、兵士を味方につけて、再戦を繰り返すのが脅威だったのだ。

良兼の野望と人望

生産拠点の大半を破壊されてもまだ将門の継戦を可能としたのは、将門に力を貸す味方がいたためだろう。

以前にも良兼は「道無き合戦」を推し進めて、将門から手痛い反撃を喰らい、評判を大きく落としている。将門に勝ち、その領地を焼き尽くしたからといって、坂東の人望を集められたとは思われない。むしろ事態は逆だっただろう。

かつて無位無冠の若い将門が怒りに任せて襲撃したのとはわけが違う。介で一族の長老である良兼が、公の裁きに不満で、自ら無法を犯しているのだ。官吏も百姓も従五位下の良兼に期待するのは、私闘よりも自重だったはずである。だが、良兼はそんな声を近づけず、将門を潰すことにすべてを傾注した。

良兼方が捕獲した将門の妻は、良兼に無断で解放されていた。彼女を将門のもとに返したのは、良兼の息子たちであった。良兼はすでに身内からも呆れられていたのだ。将門方の反攻が首尾よく進んだ背景として、人望の差があっただろう。

将門の妻が良兼の陣から逃れた九月一〇日から一〇日足らずの九月一九日までに良兼は親類・縁者のいる常陸国真壁郡へ発った。そこで将門は与力を含む一八〇〇あまりの人数を率いて追撃に向かった。

将門は良兼の滞在する服織《はとり》の宿（桜川市真壁町羽鳥）を皮切りに、与力・伴類のいる家ことごとくを焼き尽くした。しかし、良兼は見つからなかった。

【将門の合戦7】弓袋山・筑波山合戦

やがて良兼の逃げ先を突き止めた。高山だった。良兼は一〇〇〇あまりの人々を伴っていたが、応戦する気配はなかった。多くは非戦闘員の従者だったようだ。

将門はなかなか良兼を見つけられなかったが、筑波山にいると聞くと、九月二三日に人数を揃えて進発した。

すると実際には「弓袋《ゆぶくろ》之山（湯袋峠）南谿」という沢地に、人々が騒々しく集まっていることがわかった。良兼の居所に違いない。将門は陣を固めて楯を築き、さらに「簡牒」を送りつけた。開戦を迫る挑戦状のことである（川尻二〇〇七）。その内容は戦闘に応じない臆病をなじるものだっただろう。将門は早く決着をつけたかった。

陰暦九月の下旬はいまの一一月上旬にあたり、すでに冬の入り口である。寒風に凍えるなか、良兼とともにある者たちは、すっかり弱っているはずである。だが、これで長く睨み合っていたら双方疲れる。

連日連夜、将門方は寝るときも弓を手元に置いて、敵の夜襲に備えた。家屋がないので簑や笠で風雨を防いだ。この時代の豪族同士の争いはまだ長期戦の防御拠点を構築する知恵すら生まれていなかった。

兵たちの士気を繋ぎ止めるのは、ただ敵への憎悪のみであった。

もっとも収穫期のあとだったので、人馬を養う食料には困らなかった。そこには酒もあり、将門の兵七人が酔い痴れたところを良兼方に襲われて落命した。だが、物資が潤沢でも対峙する時間は限られている。徹底的に追い詰めることなく、最終的には将門が豊田郡に虚しく帰る形で終わった。良兼は生き延びたのだ。

第四章　追捕使・将門の勇躍と逆襲

旧私君・藤原忠平の厚意を得た将門

同年の承平七年（九三七）一一月五日、坂東で乱を起こしている者たちを将門に追捕させるという太政官符が現地諸国に発せられた。

追捕の対象とされたのは、いま常陸国に集まっている「道無き合戦」を催して上野国庁に逃げ込んだ（上総）介「平良兼」はじめ、朝廷に将門の罪過を讒言した「源護」、（常陸）掾「平貞盛」のほか、良兼の息子である「公雅《きんまさ》・公連《きんつら》」のふたり、ならびに「秦清文《はたのきよぶん》」であった。なお、良正の名前はここにも現れないから、やはり先述の下野国境合戦で死去したのであろう。

秦清文が何者かは『将門記』に説明がないが、秦氏は朝廷に「絹」などの機織り業でもって仕えた氏族であることから、良兼らに常陸国で「服織之宿」を提供した羽鳥地域の有力豪族だったと見られる。

この官符は「武蔵・安房・上総・常陸・下毛野（下野）」の諸国に出されたほか、下総国に在国する将門本人へ直々に手渡されたことであろう。思わぬ下命に将門は勇躍した。

在京時の将門は帰国後、良兼の急襲を受けて受難に苦しむことなど予期できなかった。もし事前に察知していれば、家族や領民が災厄に巻き込まれないよう抑止策を講じていたはずである。

これは良兼らの一方的な私戦の強行と、民衆への暴虐であることを重く見た朝廷が積極的に介入したのだろう。このとき、なぜ太政官が指揮官に将門を選んだのか、その理由を考える必要がある。

旧説で誤読されていた追捕官符

先行研究について触れておくと、このくだりは真逆の意味に読まれていたことがある。〝将門が追捕対象にされた〟という解釈である。

確かに漢文として該当文だけ素直に見ると、そのように読める。しかし、官符がくだされた直後の将門の心理描写に「将門すこぶる気を述べて、力をつける」とあって、将門を追捕する官符として読むと、この部分が理解不能になってしまう。だが、逆に将門が追捕使に任じられる官符として読むと、勇躍する様子がよく伝わってくる。

しかも、このあと現れる将門からの忠平父子宛書状で「朝廷から諸国と力を合わせて、良兼らを追捕するよう官符をくだされましたが……」とあるので、将門が追捕使に任じられたのは明らかである。

将門はついに自らを苦しめてきた良兼とその与党を堂々打ち砕く大義を獲得したのだ。

まさに蘇生の思いがしただろう。遠く京都から厚意を惜しまない忠平の計らいによって、将門の合戦は、私闘から公戦へと変わり、戦後に朝廷から恩賞を授かる可能性も浮かび上がったのだ。

これまで坂東諸豪から受けた卑劣な挑発や無道の暴虐に、毅然と立ち向かってきたために、悲運を受け続けた将門にとって、太政官符は世界を変える福音《ふくいん》に聴こえただろう。

将門が追捕使に選出された理由

しかしなぜ朝廷はよりによって、無位無冠で、しかも連戦連敗に喘ぐ将門を追捕使に選んだのだろうか。ほかに妥当な受領や有力な豪族が見当たらなかったのだろうか。この人選は現地の状況を精確に報告し、将門を助けてほしいと訴える者がいて、なおかつ朝廷の側にも、将門を信頼したいという土壌が固まっていて、なされたものであろう。

強いて言うなら、将門とともに京都の検非違使庁に出向いた平真樹か、のちに鎮守府将軍に任じられるほど、朝廷との交流形跡が濃い良文が動いたと考えられる。ただし、真樹は弓袋山の合戦で「従軍する兵が酒に酔ったところを七人ほど殺されたが、真樹の兵は無事だった」と記されていることから、この頃は坂東にいて、在京してはいなかったはずである。すると良文が将門支援を太政官に求めたのだろう。

将門の朝廷に対する忠誠と、現地諸豪の非法を聞かされた藤原忠平は、無位無冠であろうとも将門には暴徒を鎮圧する実力があることを認め、なおかつその後の平和を牽引する新しい秩序の担い手として、深く自分を慕う将門こそが適任だと考えたのだろう。

それ以外に国司・郡司でもない地方の一豪族である将門が追捕使とされる理由は考えがたいのである。

国司の健児動員数

こうして坂東の国司たちは官符を受けたが、将門の指揮下に自ら属して、追捕対象者の行方を探るほど積極的ではなかった。これは将門が無位無冠であるというのもあろうが、国司の兵数が不十分だったためだろう。国司の正規軍は坂東中から総動員しても一〇〇人以下だった。

これでは国司の積極的な支援がないのも仕方がない。とはいえ、将門にはそれでもありがたかった。追捕使と公認されたため、少なくともこれ以上敵が増える心配がなくなったからである。

富士山の噴火

かかるところへ不穏な未来を予告するかのような災害が東国を襲った。富士山が噴煙を上げたのである。

甲斐国に言《いわく》、駿河国富士山、水海《みずうみ》を神火で埋めり。（『日本紀略』承平七年一一月某日条）

溶岩が湖に押し入って、これを埋めるほどの凄まじさだったが、これに際して太政官が本格的に対応を施した形跡は見られない。噴石の飛来、火砕流による近隣住宅の焼失、突発的な雪解けによる土石流、火山灰による農耕地へのダメージ、火山ガスの発生で、甲斐・駿河・相模国あたりは深刻な事態に陥ったはずだが、具体的な被災は記録に残されていない。現在の山中湖はこのときの噴火によって形成されたと見られている。

追捕使暗殺計画

坂東を荒廃させている元凶は、明らかに良兼の横暴にあり、富士山の噴火はこれに追い討ちをかけるようなものだった。

ただでさえ関所の禁遏を無視して、無用な戦乱を頻繁に繰り返す。生活拠点の施設と家屋を焼き尽くす。その非法は目に余るものだった。

もちろん国庁や地方検非違使にこれを鎮める実力などはない。かつて鎮守府将軍・平良持の武力を支えた有力な軍事施設を継承する将門の実力に期待するべきである。

こうして坂東において将門は官軍の側になり、良兼方は賊軍の側に立つこととなった。

こうなると良兼には通用の手立てで勝てる見込みはなくなった。ここで追い詰められた老兵によるもっとも卑劣で直接的な策略が巡らされる。平将門の暗殺計画である。

甘言に誑かされた内通者

将門暗殺を企む良兼が目をつけたのが、将門の配下にいた丈部《はせつかべ》・子春丸《こはるまる》である。かれは炭の輸送をもって将門に従っていた。しかし将門に心服しているわけではない。むしろ疲れの色が見えていた。

そこへ良兼が「荷物持ち身分から馬上の郎等に取り立ててやる。だから、わしに味方せよ」と声をかけると、子春丸は易々と話に乗った。良兼にすれば、いい鴨であった。

【将門の合戦8】石井営所襲撃事件

これは合戦というより、暗殺未遂事件というべきかもしれない。だが、戦いの凄まじさから合戦に数えておくことにしよう。

この頃、将門は石井《いわい》営所を仮設拠点としていた。良兼から本拠地を逐われたとき、比較的被災の軽微なところに改めたのだろう。もとの本拠地があった「豊田郡岡崎（八千代町尾崎）」を住まいとする子春丸は、炭を背負わされ、新拠の「石井之営所」へ片道約一〇キロメートルの往来を繰り返していた。

内通した子春丸は、良兼の使者を手引きして、兵具の倉庫、東西の馬場と南北の出入り口と、将門の寝所を案内した。

帰った使者は、ことの仔細を報告した。良兼は夜襲団を編成して、一二月一四日の夕方、石井営所へ進発させた。その数八〇騎あまり、いずれも一騎当千（「一人当千《いちにんとうせん》」）の精兵だった。この中に良兼はいなかったが、上兵（指揮官）の多治良利《たじひのよしとし》がいて、活躍を期待された。

果たして夜の一〇時前後頃、目当ての地である結城郡法城寺（結城市矢畑にあった結城寺カ）の道に出て、将門がここを通るのを待っていた。しかし将門の哨戒兵も抜け目がなかった。夜襲の気配を察したのだ。哨戒兵は暗殺部隊後方の従類に紛れてしまったが、かれらは異変に気づかなかった。敵味方がわからないうちに橋を渡ると、馬を飛ばして石井営所の

「宿」にいる将門のもとへ駆けつけ、詳細を報告した。

話に驚いた宿の者たちが色めき立っていたところ、すでに午前六時頃になっていて、暗殺部隊がざわざわと攻囲を展開した。将門の兵は精鋭ながらわずか一〇人以下で、覚悟を決めざるを得なかった。

決戦前、将門はかれらに雄弁を振るった。

「その昔、弓の名人がごく少数ながら数万の敵に勝ったという。また、一握りの兵で千もの鉾を奪った故事もある。将門には李陵に負けない勇がある。お前たち、顔を背けて逃げるでないぞ」と目を剝《む》いて、歯を食いしばり、勇躍して打って出た。

宿を囲んでいた暗殺部隊は、将門の気迫に驚いたものか、楯を捨てて雲が散るように逃げ出した。将門は馬に跨ると、これを風のように追った。まるで逃げ込む穴を失った鼠と、雉を狩る鷹のようであった。

将門は第一の矢で多治良利を射殺した。上兵だけに甲冑姿が目立ったのだろう。続いて逃げ遅れた敵が次々射殺された。将門ひとりの振る舞いではないだろうが、四〇人あまりを殺したという。

自分たちの八倍以上にのぼる暗殺部隊の半数を、わずか一日で殺した将門は、のちに自らの武芸を「天の与えるところ」と誇ったが、まさに並ぶ者のない兵の中の兵であった。

貞盛の逃亡宣言

石井営所の暗殺計画が未遂に終わると、もはや良兼に打つ手はなく、将門もこれ以上追い詰めようとはしていない。良兼が余力を使い切ったことは誰の目にも明らかだった。

かつて官符で追捕の対象とされたのは、「(上総)介・良兼、(常陸)掾・源護ならびに(常陸)掾・平貞盛、公雅、公連、秦清文」だったが、良兼とその子である公雅と公連は士気喪失して、再起不能である。源護は争乱の最初から何の戦力もなく、その後は消息不明である。清文なる人物は、常陸国の豪族と見られるが、史料に動きが見られないので、官符が出た前後、すぐに追捕されたのだろう。すると残る標的は、従兄弟の貞盛ひとりである。

年明けて承平八年(九三八)正月三日、将門が内通者を捕らえて殺した頃、次は自分だと怯えたのだろう。貞盛はこのまま常陸国にいてはろくなことにならないと思い詰めた。『将門記』には貞盛の逃亡宣言が記されている。

「人としてまっとうに生きるには、誠実に仕事をするしかない。邪悪な振る舞いをすれば、評判が落ち、利益を失う。どれほど清く正しく生きようと、海産物を干す部屋のなかで過ごしたら、悪臭に染まって、不潔者と同じにされてしまう。古典でも『前世からの因果応報を憂えるより、後世に悪名が流れることを気をつけよ』と書いてある。このまま悪が蔓延《はびこ》る地にいたら、必ずや善くない評判が立つだろう。だったら（坂東の争乱に構わず）、上洛して出世に励むべきだ」

もともと貞盛は社会的成功を期して京都にいた。だが、一族の争乱に巻き込まれ、すべてを棒に振りそうになっていた。このまま野蛮な坂東と同類に見られては、出世の道も閉ざされてしまう。だから、早く京都に戻って宮仕えの身に戻ろうと思い至ったのである。

貞盛出立は二月ではなく一二月

貞盛が上洛するために出立したのは、「承平八年二月中旬」であると『将門記』は記している。しかし、それは同年一二月中旬の誤りだろう。

実際、同書の抄本はこれを「十二」の月と訂正しており、室町時代の軍記『将門純友東西軍記』も貞盛の出立を同年の「十二月」と記している。現存の『将門記』はこの「十」を書き落としたようである。

付言すると『将門記』は、この時期から年月日の錯誤が頻出しはじめる。たとえば、平良兼が病没する時期を、はじめ天慶元年（九三八）としていながら、そのあとの「将門書状」

では天慶二年としている。また、上洛した貞盛が常陸国に戻る年を「天慶元年六月中旬」と記しながら、これも「将門書状」では天慶二年の夏としており、後者が正解である。さらに貞盛が陸奥国に向かう年を「天慶元年」と記すが、これもまた別の史料（『貞信公記』）から正しくは翌二年であることがわかっている。

ほかにも貞盛逃亡描写のあと、「然る間」に起こったとする事件の時間経緯に不審な点があるが、逃亡時期を見直せばその点も整合性が取れるようになる。このように貞盛出立・逃亡時期が二月ではない疑義が高いので、ここではその出立を一二月中旬と仮定したい。

【将門の合戦9】千曲川追撃戦

五月に承平から改元された天慶元年（九三八）の一二月――。

貞盛は信濃国の東山道を通って上洛することを決断する。将門と争って勝てるはずがなく、さりとて話し合いの場を設けるには追捕の官符がある以上、かつて藤原純友に「帰投」した群盗同様、これを将門への降伏交渉として遇される恐れもある。敗北も降伏も望むところではない。ならば、坂東のことなどもう捨てて逃げよう――。京都の太政官に自ら訴え出て、身の潔白を弁明するのが最善の策であった。

貞盛の宣言を聞いた将門は、伴類に「自分以上の『忠人』が、上にいることを妬んでいる」と哮《たけ》った。さらに貞盛が不正な讒言を行う気でいると憂慮して、「その邪悪な心を踏みにじってやる」と述べ、一〇〇騎あまりの兵を率い、物凄い勢いで追走を開始した。

ところで『諸家系図纂《しょかけいずさん》』［巻二五之上］所収の滋野氏系図によれば、貞盛と懇意だった信濃守・善淵《よしぶち》王が、京都南東の草深い「宇治」で将門を襲撃したことがあるという。さらに石川丹八郎氏所蔵の文献にも、京都から戻る将門を貞盛一味が待ち伏せていたため、迂回して海路で帰国した旨が記されている（赤城一九七二）。これらは『将門記』に見えないが、もし実際に貞盛に親しい者たちが独断で将門暗殺を試みていたのなら、かれが貞盛を恨んでいたとしても無理はない。

逃げる貞盛は、重い荷物を担ぐ従者をたくさん伴っていた。対する将門は、精鋭のみを率いて疾走しており、同月二九日には、信濃国小県《ちいさがた》郡国分寺近くの千曲川《ちくまがわ》で追いついた。将門が矢を放つと、貞盛もこれに応じて「合戦」を展開した。

このときの戦闘こそ「私闘の発端以来、初めての将門と貞盛との真正面からの対決」となった千曲川追撃戦である（古典一九六三）。貞盛はついに将門の憎悪と正面から向き合った。合戦の内容は詳述されていないが、貞盛はかつて良兼の叱責を恐れて、将門相手の合戦にしぶしぶ参加するほどの弱虫だった。その臆病者がいまや坂東随一の武人相手に、決死の戦闘を覚悟したのである。

矢が飛び交うなか、貞盛の味方が矢で斃《たお》れた。亡くなったのは貞盛に加勢したばかりの小県郡司の他田真樹《おさだのさだむら》である。貞盛方も将門の上兵・文室好立《ふんやのよしたつ》（好達。『今昔物語集』では好兼）に矢傷を負わせたが、致命傷は負わせられなかった。合戦は次第に貞盛劣勢となっていく。追い詰められた貞盛は、逃げるしかない。将門は「呂布《りょふ》」のような鋭い矢を放ち、その背中を追った。だが、貞盛の逃げ足のほうが速かった。貞盛は必死の思いで山の中へ逃げ、その姿を消した。

見失ってしまった以上、もう将門には手の打ちようがない。いずれ貞盛は上洛し、身の潔白を訴えて、将門を讒言するだろう。将門は貞盛の「追捕」を完遂できなかったのだ。将門は自らの首を掻いて悔しがったという。

坂東ではまだどこかに良兼が潜伏している。もし将門が不在の間に挙兵されたら一大事である。いまの合戦で負傷者も出た。このまま留まっていれば、深雪で帰国困難になりかねない。将門は帰国を決断するほかなかった。

かくして将門は無念の思いを抱いたまま、下総国へと馬首を返した。

第五章　坂東独立の風雲

「天慶の乱」について

歴史用語の「天慶の乱」は、この頃出羽国に起こった「俘囚《ふしゅう》反乱」を示すこともあるが、基本的には将門の乱を示す言葉である。史料上では「天慶兵乱」(『貞信公記』)、「天慶賊乱」(『小右記』)、「天慶将門乱」(『玉葉』)、「天慶之大乱」(『日本紀略』)の呼び名が使われている。純友の乱と併用されることも少なくない。

将門の乱は「承平天慶の乱」とも呼ばれることもあったが、近年、私闘だけでなる承平の争乱と、公への反逆である天慶の争乱を結合するのは不適切であることから、元どおり「天慶の乱」の呼び名を用いるべきことが提言されている(寺内二〇一三)。

ここでは提言に倣い、国庁を攻めた将門が反逆の覚悟を固めて「新皇」を称し、そして滅ぼされるまでの争乱を「天慶の乱」と呼びたい。

朝廷のいわば官軍になって良兼・貞盛らと争い、これに勝利して坂東を鎮定した将門だったが、まだ追捕を完遂したわけではなかった。しかも貞盛は上洛して、追捕対象から外してもらい、将門を讒訴《ざんそ》しているようであった。だがその間、将門は新たな地域秩序の確立に努めることで、坂東諸国から支持を集め、かれらから朝廷にその善行を上申されるほど地盤を固めていた。

久しく親類から憎まれ、苦難を強いられてきた過去を思えば、朝廷の「忠人」として認められ、諸国から「善状」（善政の考課状）を上申される状況は、将門にとって夢のようであったかもしれない。だが、この追い上げがやがて大きな災いを招くこととなる。

天慶改元

前章で改元があったことを記したが、その頃の記録を見ていこう。

承平八年（九三八）四月一五日の午後八時から一〇時頃、京都・紀伊国を揺らす大きな地震が起こった。当時の京都の様子は「地大震、京中の垣墻《かきね》ことごとく破壊……」（『日本紀略』）、「戌剋、地大震」（『貞信公記』）、「地大震動、天下舎屋、多く顚倒……」（『扶桑略記』）であったことが記されている。高野山も諸伽藍《しょがらん》が壊れた。その後も余震がしばらく続いたが、五月になっても止みそうになかった。マグニチュード7と推定されている（国立二〇一七）。

改元の詔《みことのり》が発せられたのは、それから一ヵ月過ぎた五月二二日のことである。改元理由は『日本紀略』承平八年＝天慶元年五月二二日条に「改元、天慶元年。厄運・地震・兵革之慎《つつし》むに依る也」と記されている。つまり、厄運と地震と兵革（争乱）が収まり、沈静化したことで改元がなされたのである。

まだ余震が続いていても最初の地震ほど大きな揺れは観測されず、また、「兵革」と称された争乱もほぼ落ち着きを取り戻していると、京都側は認識していたのであろう。

改元時期の京都と坂東の不安

天慶改元後、最初の試練は平貞盛の訴えであった。かれが京都に入った正確な時期は不明だが、年明けて天慶二年（九三九）三月の頃だろう。この時期の京都と坂東を見てみたい。

天慶元年（九三八）五月二三日、坂東武蔵国で橘近安《たちばなのちかやす》が「犯過」をなした。このため、太政官は、武蔵国とその隣国に近安の「追捕官符」をくだした（『貞信公記』）。

空也上人が在京して念仏をあげるのもこの頃であった。六月中旬から大宮大路を南に向かい、深夜に声をあげて念仏を唱え始めたのである。空也の活動拠点は東市に落ち着いた（『空也上人誄』『高田大明神縁起』）。

六月二〇日、鴨川が氾濫して、人や家屋の多数が漂流した（『日本紀略』）。京都はこれまでにない不安と恐怖が行き渡っていた。その後も何度か余震と見られる大小の地震が繰り返し起こった。行く末恐ろしいことになると怯える者もいただろう。

一一月三日の『本朝世紀』に「依伊豆国解、可追捕、平将武之由給、駿河・伊豆・甲斐・相模等国、官符四通、衙後請印」とある。これは「太政官が将門の弟・将武を追捕対象にした」と読まれがちだが、太政官もこの時期に将門を刺激するほど軽率ではない。そうではなく、「（逃亡する貞盛らを）追捕すべきだと将武が言っていると伊豆国から報告され、四通の官符を作って押印した」と読むほうが実態に即する。将門は貞盛追捕のため、弟に東海道への退路を塞がせたのだ。

そして翌年、さらに深刻な事態が東西両方からほぼ同時期に、京都を脅かすことになる。

天慶二年冬、藤原純友の乱勃発する

さて、翌年冬から藤原純友の乱が湧き起こる。

藤原純友の乱は、天慶二年（九三九）一二月一七日に前紀伊掾《さきのきいのじょう》・藤原純友が兵を率いて「巨海」に出港したことに始まる。「部内の騒ぎ」と「人々の驚き」は大きく、紀伊守・紀《きの》淑人《よしと》も制止したが、純友は聞き入れなかった（『本朝世紀』『日本紀略』）。純友が何を目的としていたのかは詳らかでないが、単に巨海に出るだけで騒ぎになるとは思われない。兵を率いておきながら、目的地をはぐらかして、独自に軍事行動を遂行するつもりだったのだろう。

淑人は太政官に対し、純友を京都に召喚して行動を停止してほしいと申し出た。二一日、これに応じた太政官は「純友乱悪」として、摂津・丹波・但馬・播磨・備前・備中・備後の七ヵ国に官符をくだした（『本朝世紀』）。官符がくだされた国々を見る限り、純友が瀬戸内海を突き進むつもりだったことが読み取れる。

二六日、摂津国に現れた純友の配下たちが、備前介・藤原子高《さねたか》や播磨介・島田惟幹《これもと》を襲撃してこれを捕虜とした。子高は耳と鼻を削がれた。純友配下はかれらに私怨があったのだ（下向井一九八一）。

子高はかつて同年の七月に天皇「御前」の「小除目」で、「宣旨」をくだされた（『本朝世紀』）。これは海賊追捕の「宣旨」と思われ、追捕対象とされた海賊は、藤原文元《ふみもと》であったと見られている（川尻二〇〇八）。子高は文元を悪人に仕立て、強引に除目を開かせた。少なくとも純友たちはそう考えて、私憤を募らせたのだろう。

九月二九日には「南海濫行《らんぎょう》」が伝わっていて、前任国司の純友はこの鎮圧に従事していたはずである。文元らはこのとき、純友に心を寄せて、結合したものと思われる。平安時代にはこうした結合からなる私的紛争が繰り返されていた。

しかし、子高が追捕使であったことから、太政官はこれを単なる私闘として看過できず、国家への反逆とみなした。同時期に坂東で将門の謀反が起こったことも間が悪く、「平将門と謀《はかりごと》を合わせて、心を通じ、この事を行うに似たる」と両者の共謀が疑われた（『本朝世紀』天慶二年一二月二九日条）。

ただ、純友は将門と違って「新皇」を称するほど、明確な謀反を働いたわけではなく、太政官も懐柔策を視野に入れるなど、対応は柔軟であった。だが、こうした甘い考えが瀬戸内海の争乱を長期化させ、やがて大宰府の炎上という大事件をも招くに至った。

太政官は坂東の将門だけでなく、西海の純友にも目を向けなければならなくなり、余裕ある対応は困難であった。

無位無冠の身で坂東の顔役となった将門の深層

将門は朝廷からの期待によく応え、坂東の一統化を果たしたといっていい。非法を憎み、群盗を討ち、高い世評を得た。いまこれに刃向かう者はいない。しかし将門は無位無冠であった。改めて中央から取り立てられる様子もなく、ただ、坂東諸国で大小の問題に向き合っていた。つまり小康状態である。

これを片付ければ、将門も晴れて公的な支配権を得て、坂東に新秩序をもたらす英雄らしい人生をまっとうしたであろう。しかし、朝廷からは何の動きも見られなかった。

史料がないので推測すると、朝廷の動きが鈍い理由のひとつには、このような偉業をなした武官の前例がなかったことがあるのではないか。武官にいくら実力や功績があっても、そこから直接に高位の統治権を得ることはなかった。中世になると「征夷大将軍」が、東国または日本全国の統治体制を構築したが、そうした仕組みは何百年もの試行錯誤が蓄積されて初めて可能となるもので、将門はまだその入り口にすら立っていなかった。

承平末年までに将門は追捕対象者をほぼ無力化したが、かれらの多くはまだ生き残っていた。敵が武器を捨てて朝廷に帰降する形にもなってはいない。このため、追捕令は未達成のまま生きていることになり、将門は叙任に与ることも適わず、そのまま坂東の治安を守るという責任だけが重くのしかかる身となった。さりとて無位無冠の将門には、争乱を事前に抑止する権限は何もない。

もし朝廷が将門に、藤原純友が南海道の争乱を解決したときのような手際の良さを期待していたとしたら、それは大きな誤りだったといえよう。追捕の対象とされた豪族たちは、いずれも将門への私憤から争乱を起こしている以上、将門に帰降することはあり得ない。しかも、無位無冠の将門に協力を申し出る国司などなく、追捕の遂行を困難にして、争乱の長期化が憂慮される環境を作り出していた。

将門が自身を新たな争乱を誘発しかねない存在であることを自覚していたかどうかは不明だが、この状況下では将門の追捕を助けてくれる豪族がいれば、国司に限らず結合を強くしようとしたであろうし、逆に追捕に非協力的であるばかりか妨害に及ぶ国司がいれば、追捕対象に加えることを視野に入れて対応したに違いない。それは将門の個性以前に、かれが置かれた立場から生じる姿勢であった。

こうした状況は、将門を国司に不満を持つ豪族たちから輿望《よぼう》を集めやすいところに置き、かえって潜在する紛争の火種をまきかねない危うさが潜んでいた。そのことに朝廷は気づいていなかった。

ここに大きな誤算があり、歴史的厄難をもたらす一大要因があるのであった。

国司と郡司の武蔵国騒動

さて、貞盛を取り逃がした将門が下総国に帰る頃——。

武蔵国である騒動が起こる。『将門記』はその時期を「然る間、さる承平八年（九三八）春二月中」のことと記しているが、先述したように貞盛の逃亡は二月でなく同年一二月だったと思われるので、この騒動も二月ではなく、同年一二月に起こったのだろう。

騒動の内容は、国司と郡司の争いである。国司サイドには武蔵権守《ごんのかみ》の興世王《おきよ》と武蔵介《すけ》の源経基《つねもと》があり、郡司サイドには足立《あだち》郡司の武蔵武芝《むさしのたけしば》があった。この騒動は、新任の国司方（興世王と源経基）＝加害者、譜第《ふだい》郡司方（武蔵武芝）＝被害者の構図で説明されるのが通常で、特に興世王はこのあと将門に朝廷への反逆を唆《そそのか》したことが具体的に記述されていることから、現在もなお国司方に批判が集まっている。

しかしこの見方はどこまで妥当なのだろうか。

小説やドラマでも小人物または怪人物の扱いを受けることが多く、これらの説明や作品に触れると、すべての責任は興世王個人にあり、まるで諸悪の根源であるかのような気にさせられてしまう。この見方は次の一文に依るところが大きい。

国司は無道を、郡司は正理を当たり前のこととしていた。

このあと、『将門記』は郡司の武蔵武芝を徹底して贔屓するが、どことなく判で押したような善政描写で具体性を欠いている。

武芝は昔から公務を真面目に勤めていて評判がよく、悪く言われることはなかった。その統治は撫民《ぶみん》精神がよく行き渡っていることで有名だった。だから、これまで国司は、郡司の納税が少し遅れたとしても、譴責《けんせき》することなどなかった。

譴責されることはなかったというが、武芝が規定通りに納税を果たせていなかったのは事実だろう。ところがここで責任転嫁するためか、新任国司の督促を重大な悪事のように咎め立てている。

それなのに権守（興世王）は、武蔵守がまだ正式に着任しないうちから現地調査しようとするので、武蔵武芝が「そんな前例はありません」と言うと、国司（興世王と源経基）は「無礼だ」と言いながら兵隊を整えて、土足で踏み込んできた。事態を恐れた武芝はしばらく山野に隠れたが、国司方は武芝領内各地の舎宅と近辺の民家を襲い、物を無理やり探し取って、残ったところも封を貼ってしまった。

これでは興世王たちが悪人のようだが、古豪の武芝が納税を怠り続け、私財を溜め込み、国司が口出しできないほど力を蓄えていたとすれば、どうだろう。詳しくは後述するが、『将門記』は何らかの理由から武芝を無理に擁護しようとしているように見えてならない。

武蔵権守に任命された興世王

ここですこし当時の武蔵国情勢について見直してみよう。

承平六年（九三六）、武蔵守は藤原維幾《これちか》が任じられていた。

だが、将門と良兼との争乱で常陸国が荒れたため、常陸国の回復が急務となった。そこで維幾が常陸介（常陸国は親王任国なので「守」は任命されない。常陸介が当国の最高長官）として異動させられた。維幾の妻は高望王の娘で、貞盛や将門の叔母（または伯母）にあたる。常陸国を委ねるにあたり、中立的な判断が期待された。

ところが武蔵守の後任はまだ定められず、ひとまず仮の代理職として興世王が「武蔵権守」に就いた。「正守」が知事なら、「権守」は知事代理にあたる。正式の守でなく権守に留められたのは、興世王に政治経験が乏しかったためと思われる。

興世王は急の任命で「受領」としての引き継ぎが十分ではなかったのだろう。国司のやり方が無作法だとして、現地の譜第郡司《ふだいぐんじ》である武芝に抗議されてしまった。

興世王と源経基と武蔵武芝の素性

国司方と郡司方、両方からの話を聞く前に、それぞれの立場を見てみよう。まず、「権守」の興世王である。

興世王の素性は不詳だが通説に従えば、「王」称が許される皇親系の身で、将門と同じく桓武天皇の玄孫《げんそん》にあたった。系譜の上では、桓武天皇→伊予親王［中務卿］→継枝《つぐえ》王［宮内卿］→三隈《みくま》王［紀伊守］→村田王［伊予介］→興世王［武蔵権守］とされている（織田一九〇五）。ただ、伊予親王は謀反の疑いで捕縛され、幽閉先で自害した。その子・継枝王は咎めを受けなかったが、このように中央政界から疎外された一族の末裔が興世王だったのである。

補佐役にあたる「介」の源経基も皇族系の権門貴族である。後世に清和《せいわ》天皇の孫にあたる人物として崇敬された。だが、実際は清和天皇の子・陽成《ようぜい》天皇の孫だったことが、経基の孫・源頼信《よりのぶ》の「告文《こうもん》」に記されている（『岩清水文書』三五号）。陽成天皇より清和天皇の方が評判のいい天皇であった（陽成天皇は『玉葉《ぎょくよう》』に「暴悪無双」と語り継がれるほど悪名が高かった）ことから、子孫たちは経基を清和源氏の祖としたようだ。

一方、足立郡司の武蔵武芝は国 造《くにのみやつこ》の一族で、郡家郷《ぐんけのさと》（埼玉県さいたま市大宮区）を拠点とする由緒ある古豪であった。

国司は中央から派遣される任期制の役人として国庁（国衙、国府）にて、地方行政に携わっていた。これに対し、郡司は現地の豪族から登用され、特に任期などなく、徴税・徴兵・正倉（官物倉庫）の管理と運用に携わることで国司を支えた。

多くは郡衙《ぐんが》と呼ばれる地元の役所（郡司の私邸も使われた）を拠点とした。なかには役職を授かり、国庁に出勤する者もいた。判官代（田畠管理の事務方）の武蔵武芝もそうした「庁官」のひとりだった。

山野に潜伏した武芝と国司の収奪

さて、武蔵国の騒動である。

赴任したばかりの国司である興世王と源経基が、伝統的な手順を踏まずに郡司（武蔵武芝）

領を調査して、収奪を強行したというのが通説である。だが、実態はどうだったのか。

まず、赴任したばかりの国司が、理由もなく任地で収奪を強行するかという疑問から再検証する必要があるだろう。そもそも坂東は、争乱の多発からナーバスに陥っている真っ最中にあり、そうした状況下で役人が私利私欲を押し通そうとするとは考えにくい。

したがって、興世王たち国司の行動にも一定の正当性があった可能性を視野に入れると、まず郡司の武蔵武芝が納税を怠っていた疑いが浮かび上がってくるはずである。実際は納税を怠る武芝が新任国司からの「譴責」を恐れ、「山野」に隠れ潜んだのではないか。

さらにいえば、もし納税遅延の理由が、坂東争乱や富士山噴火などというまっとうな原因によるものだったら、『将門記』も「郡司」の善政ぶりや「国司」が先例を破った非礼などの本件に直接関係がない主張でお茶を濁す必要などない。まっすぐに事実を記して、武芝の正当性を記したはずである。

だが同書は、武芝が納税を怠っていた具体的な理由を説明することなく、文飾に文飾を重ねており、あたかもその実態を決して語るまいとしているかのようだ。これでは前任の藤原維幾と結託して、官物《かんもつ》を資本に私財の調達と貯蓄に励んでいた疑いも持たれよう。

かつての国司と郡司は、持ちつ持たれつの関係にあったが、このとき中央政府は「郡司に対しても、従来のような伝統的支配力ではなく、自身の下僚として使役する」ため、国司の権限強化に力を入れていた（佐々木二〇一四）。すなわち興世王と経基は、中央政府の意向と時流に即して、厳正な統治を推し進めようとしたに過ぎない。

なお、このあとも中国の古典『華陽国志《かようこくし》』を引き、国司方への批判を長々と繰り返しているが、『将門記』の同書の作者（または証言者）は、武芝と縁の深い人物——たとえば武蔵在国の豪族——で、その脱税に加担する側だったことも考えられよう。

武蔵国騒動を聞いた将門

武蔵国騒動は、さらに深刻の度を増していった。

現地出身の古豪衆で構成される国府の官吏たちは、明日は我が身と思ったのか、武芝に同情的であった。味方がいることを知った武芝は、「国司方が差し押さえた品々は、横領して得たものではなく、こちらの私物だから返してもらいたい」という旨の上申書を提出した。

しかし興世王と源経基は訴えを認めず、武力行使の準備に取り掛かり始めた。武芝本人を捕獲して、ことの真偽を問いただそうと考えているようだった。

これら一連の騒動が下総国のある人物の耳に入った。良兼・貞盛らの追捕をほぼ達成しつつあった平将門である。もっとも良兼は逼塞《ひっそく》しただけで、貞盛も京都に遁走したばかりで、いずれも追捕を完遂できてはいなかった。それでも将門の働きによって、坂東の秩序と治安が回復傾向にあるのは明らかだった。事態を聞いた将門は乗り気になった。「武芝はわが近親ではない。興世王と経基もわが兄弟の血筋ではない。だが、この騒動を鎮めるため、武蔵国に向かおうと思う」

武蔵国騒動への介入意思を表明したのである。

将門介入の動機

これについて歴史家たちは将門の個人的な「一片の義俠」、または政治的な「立場の強化」を図り、あるいは「族的結合に代わるべき結合」を紡ぐために動いたと見ている。いずれも首肯できる説得的な解釈であろう（吉川一九五二、佐々木一九九五、宮森一九九〇）。

これに二点ばかり私見を加えると、自ら虎穴に入るからには、個人的な志向以外の動機もあったのではないか。

第一に考えられるのは、追捕令の転調を目指した可能性である。将門は太政官符によって、良兼や貞盛など坂東諸豪の追捕を命じられたが、かれらの殲滅・帰降を果たせてはいなかった。幸いにも坂東は将門の力で平和と秩序を取り戻しつつあった。だが、朝廷から恩賞を貰えるほど明確な手柄を立てたわけではない。そこでこれを具体的な形に昇華するべく、能動的に坂東の諸問題に目をつけたのではないだろうか。

第二に考えられるのは、現地の人物から仲介を依頼された可能性である。具体的には武蔵国を拠点とするおじの平良文が想定できる。良文の本拠地は足立郡に近接する大里郡の村岡（埼玉県熊谷市村岡）にあった。傍証までに述べると、かつて良文と「合戦」したことのある源宛は、足立郡の箕田《みだ》（埼玉県鴻巣市）を拠点とする豪族であった。

こうした政治背景が将門の個性を刺激して、能動的に他国の騒動に介入する素地となったのではないだろうか。

実質的に坂東の頂点に立たされている将門だが、まだ無位無冠で、朝廷から統治を公認されてもいないし、さりとて武力だけで人々を屈服できてもいない。しかも坂東にはいまも小さな火種が各地に潜在していた。

そこで将門は自らの微妙な立ち位置と坂東の治安を安定させるため、地縁や人縁に基づく結合ではなく、公共意識に基づく結合で秩序を再構築しようと努めたのである。それは、坂東の豪族・百姓が将門に心服する土壌を築きあげていく。

裏目に出た将門の仲介

武蔵国へ入った将門は隠れていた武蔵武芝と対面した。将門と顔を合わせた武芝は「国司たちは何も構わず、合戦準備を進めており、（自分の配下は）みんな妻子を連れて比企《ひき》郡狭《さ》服山《ふくやま》（現在地未詳。比企郡根古屋であろう）へ登っています」と伝えた。すると将門は武芝を伴って国庁へ向かった。

将門が武芝の隠れ潜む場所をあらかじめ知っていて、最初にかれと対面したこと、直に話を聞いたあと武芝と国庁へ向かっていることなどから、将門は国司方に恐れを抱く武芝の要請により、国司との和睦を整えるため、武蔵国にやってきたと考えられる。

武芝と将門が国庁に入ると、興世王が徴発現場から戻ってきた。経基はまだ探索を続けていた。将門はとりあえず顔を出した興世王と武芝の和談を成立させるため、酒席を設けて、互いに杯を交わさせた。歓談するうち、杯が何度も重ねられていった。仲介の出だしは首尾よく進んだといえるだろう。

だが、ここで三人のもとに思わぬ報告が入った。

現地に控えていた武芝の後続部隊（「後陣」）が、経基の営所・城山《しろやま》（埼玉県鴻巣市大間）を包囲したのだ。理由は判然としない。現地では事態に驚いた経基が軍事訓れしていなかった（「未練兵道」）ので、逃げてしまったという。これを聞いた将門は、興世王を国庁に残して下総国へ帰った。興世王を残したのは、源経基が国庁に帰ってきたとき、ことの次第を直接伝えて、誤解を取り除いてもらうためだっただろう。

しかし当の経基は国庁に帰らなかった。なんと、「興世王と将門は、武芝に誑かされて、まろを誅殺しようとしたのだ」と怒りだし、心中に「深恨」を抱きながら京都へ遁走したのである。急いで帰京したのだから冷静ではなかっただろう。経基が将門の威名を恐れて狼狽したのか、それとも怒りに我を忘れたのかは不明だが、将門に新たな敵が増えたのだけは間違いない。

将門謀反の報

天慶二年（九三九）三月三日、帰京した源経基は太政官に赴くと、坂東で興世王と将門が「謀叛」を企てたとする「偽報」を奏上した。「偽報」というのはあくまで『将門記』の表現で、本人は〝真報〟のつもりでいただろう。

かつて追捕対象にされていた貞盛が将門を訴えたのと、武蔵介に任じられた現任の皇族系国司が訴えるのとでは、人々の受け止め方も異なったらしい。京都中が蜂の巣を突《つ》くような大騒ぎになった。

騒然とする百官を前に、太政大臣・藤原忠平ならびにその一門が、事態収拾のため、冷静かつ公正な判断を下すことになった。

実否をはっきりさせるため、将門に御教書《みぎょうしょ》を送り、実否を確かめるべしと議を決したのである。忠平の人柄は『栄花物語』に「心のとかに慈悲の御心ひろく　世をたもたせ給へ」

たといわれるように、温厚で寛容だったようだ。

そんな忠平を将門は「私君」といつまでも慕っていた。将門は独善的な男だが、遵法意識が高く、弱者に優しい。それが理由もなく朝廷に睨まれる振る舞いを進んでするはずがない——と、忠平は思っただろう。それに重大なことは特に慎重を期すべきで、告訴人の声だけでなく、現地の実情をよく観察する必要があった。

そこで忠平たちは、謀反が事実かどうかを調べさせることにした。

実否照会の推問使派遣

ことによると、源経基の〝誣告《ぶこく》〟である疑いもある。その場合、かえってかれに偽証罪を問うことになる。ただでさえ任務を放棄して京都に逃げ帰ってきたのだから、その責も重ねて問わなければならない。

天慶二年（九三九）三月二五日、藤原忠平の家司で中宮少進の多治助真《すけまさ》（助縄《すけただ》）が推問使《すいもんし》に選ばれた。推問使とは現地調査の指揮官で、もともとは百姓の辛苦を聞き取りに出向く朝使であったが、この時代は争乱の事前・事後調査が主任務となっていた。

助真が受け取った官符（内容未詳）は同月二八日には将門の手元に渡ったというが、すでに多くの先行研究で指摘されているように、二五日の官符がたった三日で現地に渡ったとは思えない。一六世紀の京都と坂東でも片道に一五日から二〇日を要した（『看羊録《かんようろく》』）。日付の問題については、四点の回答を考えることができる。

一つ目は、『将門記』の日付が誤記であるとする考え方である。

二つ目は、忠平の手元から助真のもとに手渡す草稿が仕上がると同時に、同状の写しを先行して将門のもとに届けたとする考え方である。

三つ目は、推問使の選任を天慶二年（九三九）とするのは誤記で、その前年の承平八年（九三八）に行われたが、同七年一一月の富士山噴火、同八年四月の大地震があり、その五月に天慶元年へと改元されたように、京都は不測の事態で多忙を極めていたため、坂東の状況を観望しながら対応がほぼ一年遅れになってしまったとする考え方である。

先学の大方は一点目を踏襲しており、これより踏み込んだ考察は特に見受けられない。二点目はありそうに思えるが、裏付けを得難い。三点目だと朝廷の対応が悠長すぎる。

それで四つ目は私見になるが、三月二八日に到着した官符は経基の密告と関係なく、別件で先行して送られたとする考え方である。

経基の密告ではなく、貞盛の訴えで送られた官符

この三月二八日に坂東についたという官符は、経基の密告がある前から、すでに京都より

発せられていたと考えられる。その発端は貞盛の訴えである。貞盛は前年一一月に坂東を脱すると、春までに京都へとたどりつき、ロビイストと化して、ついに太政官を動かしたのだ。

天慶二年（九三九）二月一二日、こうして太政官は将門を召喚する使者の派遣を決定した（『貞信公記』）。このときはまだ追捕対象者の貞盛が京都に潜伏しながら自らの人脈を伝って太政官に訴えを届かせたことと、将門が現在進行形で暴悪を振るっているわけではないことから、京都で事件が騒がれることはなかった。そして使者に選ばれた多治助真が、貞盛の訴えにより発せられた官符を携え、三月二八日に将門のもとへ達したのであろう。

だが、その使者と入れ違いの三月三日、武蔵介に任じたばかりの源経基が大慌てで京都へ逃げ帰り、興世王ならびに将門の謀反を密告した。経基は貞盛と違い、堂々と京都市街を渡り歩ける身分で、しかも目立つ人物であるから、坂東での体験を周囲に大きく触れてまわったのだろう。これで京都中が騒然となり、翌日には伊勢神宮で坂東の争乱を鎮める祈禱がなされ、六衛府も宮中の宿衛を固めた。同月九日には一一社と延暦寺で坂東の争乱を鎮めるための祈禱が行われた（『日本紀略』『貞信公記』）。

しかし太政官はすでに将門への容疑を確かめるため召喚を命じる使者を遣わしているのだから、いまは将門の上洛を待つほかになく、これに重ねて対応する動きは見せなかった。

したがって三月二八日到着の官符は、経基の密告ではなく、貞盛の訴えからくだされたものと考えられる。

出羽俘囚の乱勃発

なお、四月一七日には出羽国での「俘囚反乱」の報が太政官へ届き、現地の藤原師輔《もろすけ》(忠平の次男)が秋田城で反乱軍と合戦した事実が伝わった。このため、太政官は出羽国に精兵の訓練と国内浪人を徴兵し、高家・雑人を問わず軍役を課すことを命じる官符を東国に発した(『日本紀略』『貞信公記』『本朝世紀』)。

しかし徴兵が思うように進まなかったのだろう。五月五日、忠平は重ねての官符を坂東諸国に下した。その内容は表向き「部内粛清せざること」を戒めるものだった(『貞信公記』)。もちろん密かに坂東で将門の様子を確認することも兼務させられていたであろう。

「諸国之善状」が届く

そうするうち、ようやく将門のもとにいた太政官の使者が戻ってきた。だが、将門は伴われていなかった。召喚に応じなかったのだ。その代わりに坂東で書かれた五月二日付の「諸国之善状」を託されていた。それは、坂東五ヵ国(常陸・下総・下野・武蔵・上野国)の国司が将門の無罪を証言し、かれの高評価を求める上申書であった。

ここで問題は大きく複雑化する。「諸国之善状」で、将門は現地の国司たちから善政を讃えられていた。これで将門は褒賞を検討するべき存在となったが、まだ訴えの声が晴れたわけではない。貞盛が将門の暴悪を訴えた件だけなら、「善状」により、不問とすることもできただろう。だが、経基の密告に対する嫌疑が残っていた。もし将門が自身上洛していれば、この問題は解消されたかもしれない。現状として坂東からの「善状」と武蔵介・経基の「密告」のどちらが正しいのか判断できず、京都はいまや不安で怯えきっている。

将門が上洛しない以上、今度はより慎重にことを進めなければならなかった。将門は無罪で恩賞を与えるべきか、それとも有罪でほんとうに謀反を企んでおり、討伐すべきなのか。次の一手ですべてを見抜く必要があった。

問密告使の選任と怠慢

このときの太政官の決断は、『貞信公記』ならびに『本朝世紀』の六月七日条に記されている。まず武蔵国に「問密告使《もんみつこくし》を定めしむ」とある。謀反の報告があると、実否を確かめるため「問密告使」を現地に遣わすのが慣例だった。問密告使の職務は明らかではないが、「追捕使」と違って討伐遂行をする役ではない（松本一九九八）。

ただし強制捜査の権限はあったと見られる。なぜなら、かれらは事前に「軍士《いくさびと》」や「医《くす》師《し》」を集めて、有事に備えようとしているからである。源経基の密告の実否を確認するべく、とうとう調査隊の派遣が決定されたのだ。

調査の結果、密告が事実と認められたら、将門は追捕対象となる。だが、もし無罪だと確認されれば、今度は逆に虚報を伝えた経基が誣告罪に問われる。太政官はこれに備えて、問密告使が選定された直後の六月九日、経基を左衛門府（宮城諸門の警護の役所）の観察下に置いた。これが律令法の告密条で定められているルールであった。

同月九日、太政官はこれとは別に「押領使《おうりょうし》」として、武蔵権介の小野諸興《もろおき》・橘是茂《これしげ》らを選任した（『貞信公記』）。一六日の除目では武蔵権介に諸興を、相模権介に是茂を、上野権介に藤原惟条《これつな》を任じたあと、二一日、かれらに「群盗追捕」の官符を賜らせた（『本朝世紀』）。

うち諸興と惟条は現地に私財と人脈を有する御牧の別当であり、なおかつ浪人を養い、騎兵による軍事力を備えていた。かれらは地生えの軍事力への期待から権介に任命され、追捕官符を賜ったのである（福田一九九五、川尻二〇〇七）。

ところで、この「押領使」の選定と「群盗追捕」で、具体的に将門の追捕を命じたわけではない。経基の密告が事実と判明したら、これに即応するための備えであっただろう。もし将門が本人と諸国の主張通り、まったくの無罪で、なおかつかれを反逆者に陥れようとする相手がいたら、かれらは将門ではなくその敵対者たちを「群盗」として追捕することになる。太政官は治安維持を名目に軍事有力者を使い、臨戦態勢を整えた。

さらに同年夏、太政官は貞盛自身に「将門を召す官符」を持たせると、常陸国へ下向させた。貞盛が携える官符は、将門召喚を伝えるものであった。貞盛はこれを常陸介・藤原維幾に手渡した。

藤原忠平のシナリオとしては、事態を穏便に済ませるため、追捕使と貞盛を下向させることで、将門に〝このままでは不味《まず》いことになる〟ことを伝えて、上洛を促すとともに、貞盛と講和させたのち、反将門派の残党を追捕使に探索させて終わらせたかったのだろう。

常陸国司の藤原維幾は将門に何度も書状を送り、上洛を促した。しかし将門は貞盛の下向に不信感を募らせ、これに応じなかった。

動かなかった武蔵国問密告使

ところで武蔵国問密告使に選任されたのは、源俊《すぐる》・高階良臣《たかしなのよしおみ》・阿蘇広遠《あそのひろとお》らであったが、かれらは追捕使同様の徴兵権や指揮権を主張して、太政官に容れられず、このため出立を渋り続け、一一月一二日になってもまだ動いていないので叱責された。こうした職務怠慢の末、とうとう将門の大乱が起きてしまう。このため、かれらは乱後に官職を解かれ、位階を剥奪されるという重い処分を受けた（『貞信公記』）。

将門がもし召喚要請に応じて上洛するか、またはかれら問密告使が即座に職務を遂行していたら、のちに「新皇」の悲劇は起こらなかったかもしれない。

待機する将門

五月二日までに、将門は坂東諸国の支持を集め、五ヵ国から無罪を主張する証文「諸国之善状」を獲得した。後日に書かれた「将門書状」によると、将門は武威により坂東全土を平和に導くという前代未聞の大業を達成しており、朝廷でも将門の功課（褒賞・昇叙の査定）が論じられた。こうして将門は朝廷からの返答を期待して待つばかりの状態にあったのだ。

しかし朝廷も刻々と変わる情勢を慎重に観察して、すぐには動かなかった。一向に音沙汰がないことから、将門は不安にかられていく。

興世王の武蔵国出奔

かかるなか、五月一五日に武蔵国へ正式の守として従五位下・百済王貞連《くだらのこにきしさだつら》（貞運とする史料もあるが誤写）が任じられた（『貞信公記』）。貞連はもと上総介であった（『類聚符宣抄《るいじゅふせんしょう》』［第八：任符事］天慶二年五月一七日条）。しかし貞連は興世王と姻戚関係にあるにも拘らず、これを行政から排斥して寄せ付けなかった。居所を失った興世王は出奔を決意すると、将門を頼って下総国に奇遇した。

　貞連が興世王を排斥した理由は不詳とされているが、仮説を立てることはできる。百済王は百済系帰化兵を率いる軍事氏族である。かつて上総介だった貞連は、将門の争乱に助力も抑圧もせず、静観する姿勢を通した。それがいまや将門の世と化しつつある。将門の台頭に軍事氏族としての誇りを傷つけられ、将門と親しい興世王を除こうとしたのであろう。

　その裏付けとして「諸国之善状」には、貞連が国司として赴任していた上総国からの推薦がない。その後、将門が新皇に即位すると、武蔵国から姿を消しているが、実力もなしに興世王を排斥したことで報復されたのだろう。

貞盛下向の背景

　六月の貞盛下向は将門追討のためだとされることもあるが、この時期に強気の好戦策を打ち出すことは考えにくい。ついこの前まで追捕対象だったはずの貞盛に、しかも坂東諸国から功課を推薦されている将門を葬るという密命を授けるのも考えにくいことである。

　それに貞盛の心理も考えてみるべきだろう。『将門記』では将門が貞盛を疑い、憎悪する様子が繰り返し描写されているが、逆に貞盛が将門を敵視する描写はなかった。宇治で起こったという将門襲撃も貞盛の周囲が勝手に行ったものである。将門はこの件で貞盛を憎悪したようだが、このときの貞盛は将門を宿敵と認識していなかったのではないか。

なぜなら正面対決したのは信濃国での撤退戦だけで、これは貞盛にとってやむを得ない防戦だった。そのあと将門暴悪を訴えたのも、自分への追捕令を解除してもらうために自己弁護した結果である。太政官の命を受けて、わざわざ危険を冒してまで常陸国へ下向したのも、将門と対決するためではなく、和睦するためであるだろう。

貞盛の将門に対する思い

このとき貞盛は、まだ将門を信頼したいと思っていたのではないか。将門は公に対しては案外、臆病である。千曲川で自分に矢を放ったのは、追捕官符に従っただけで、貞盛個人に対する悪意などないと考えていたかもしれない。だから自身への追捕が解かれれば、殺されることもないと信じていたのではないだろうか。

このときすでに将門の声望は、坂東から京都に向けて将門の善政考課を訴える書状が集められるほど高騰していた。だが、京都では逆に経基の密告によって、容疑者同然に見られはじめていた。そこで、太政官は将門に敵意のない貞盛を追捕解除した上で下向させ、ともに国司を介して将門に召喚命令を伝えることで、将門の貞盛に対する害意を解かせ、ともに上洛させることを考えた。

これ以外に、貞盛の帰国は説明がつけがたい。

太政官の方策に貞盛も同意したからこそ、自らを憎悪する将門のもとへ自ら出向き、「諸国之善状」の一通を書いたと思われる常陸介の藤原維幾を通して、官符の内容を伝えさせたのだろう。

この場合、太政官は経基の「告状」よりも、現地の将門無罪を訴える「諸国之善状」を信じて、将門を救済しようとしていたことになる。その証拠に、忠平の意を受けた右少弁・源相職《すけもと》が将門に送った書状には、「経基の告状により、次の官符で将門を推問すべきことがすでに決まっている」と記されていて、将門がいまどういう状況にあるのかをこっそりと知らせる善意の内情連絡を行っている（「将門書状」）。

忠平や貞盛は将門の人柄を疑わず、その身を案じていたのである。

平良兼の死

なお、この天慶二年（九三九）六月に平良兼が病没した。熊野神社（茨城県桜川市真壁町酒寄）にあったという供養碑には一年違いだが、「承平八年（九三八）六月四日卒去也」と記されていたことが伝わっている（真壁一九二〇）。

良兼は将門が坂東諸国に支持されるのを眺めて、屈辱を味わいながらその生涯を終えたかもしれない。もし仏道に励むことで、合戦の虚しさを悟り、将門に嫁いだ娘の平穏を祈っていたなら、これらを心穏やかに見つめながら永眠したものだろう。享年未詳。

その後の坂東と将門が迎える運命など良兼には知る由もなかった。

焦燥する貞盛

さて、せっかく常陸国に入った貞盛だったが、思ったようにことがならず、万策尽きたかのようであった。すべてのしがらみに愛想の尽きる思いがしたものか、一〇月にまたしても脱走を考えた。陸奥守として任国に入ろうと下野国へ足を踏み入れた旧友の平維扶《これすけ》に同行する形で、陸奥国に亡命したいと望んだのだ。

貞盛の動機を考慮すると、将門に国司を介して上洛を促しても、憎悪と疑心に囚われて動こうとせず、しかも貞盛追捕の意思を変えないのを見て、説得は不可能と悟ったらしい。これではどんな顔をして京都に戻れようか。さりとて、万夫不当の将門と渡り合うのはさらに危険であった。ならば、逃亡して隠れてしまうしかない。

だが、亡命の準備が整う前に将門が常陸国に迫ってきた。もはや逃げることもできない。貞盛は覚悟を決めた。

流れてきた動乱の因を呑む将門

常陸国には武蔵武芝と同じような境遇に追い詰められている者がいた。藤原玄明《はるあき》という豪族である。『将門記』はかれを、私腹を肥やして納税を怠り、世間の評判も悪かったと辛辣に評している。

常陸介の藤原維幾《これちか》は公式文書を送って納税を要請したが、それでも国庁に出頭する様子がない。このため、維幾の子（将門のいとこ）・為憲《ためのり》が玄明に高圧的な態度でもって圧迫した。耐えかねた玄明は、国司から遣わされた使者に暴力を振るってしまう。憤った維幾はその罪過をもって、すでに発せられていた群盗追捕の官符（先述した六月二一日付のものか）を名目として、玄明討伐の準備を進めた。これを見た玄明は「妻子」と「従類」（私兵）を連れて将門のいる下総国豊田郡へ亡命した。

のちの「将門書状」によると、玄明は将門の「従兵」だったというから、かねてから将門のもとで従軍していたのだろう。常陸介の維幾と将門は義理のおじと甥という関係にあり、決して不仲ではないが、常陸国には貞盛がいる。将門が常陸国に警戒する情勢から、将門に保護を求めるのが良策と考えたのかもしれない。

妻子と従類を連れての道中、玄明は食料不足に陥り、常陸国行方《なめがた》郡・河内郡の非常用備蓄米を奪った。この事件は郡司たちに記録された。郡司たちの拠点から掠奪を繰り返しながら亡命したということは、移動中も相当な武力を持っていたということである。

将門は「侘び人（失意の人）を救って気を述べ、便《たより》なき者（孤立する者）を顧み、力を託す」という親分肌の性分であるので、玄明を快く受け入れた。この時代、地元から逃散して、他国の有力者を頼る豪族や百姓は多かった。それに将門は「諸国之善状」により、朝議で「功課」が論じられているところである。道理に基づいて周辺国の仲裁役となり、和を広めようとするのも自分の務めと思ったのかもしれない。

常陸国司の動向

常陸国司（藤原維幾たち）は、郡司からの報告で玄明の亡命を知り、下総国に玄明追捕の文書を送りつけた。これを聞いた将門は「すでに逃亡済みである」と返答して、玄明不在を伝えた。

だが、これで常陸国司が納得するはずがない。常陸介の維幾以上に、息子の為憲が強行姿勢であった。穏便に済ませたい将門は維幾と話し合おうと自ら常陸国庁へと出向くことにした。

とはいえ、常陸国には貞盛が下向しており、そこへ単身で向かうのは危険である。武威を示しての交渉が坂東の習いであるので、将門は部内の武具を集め、国内外から一〇〇〇人あまりの随兵を発した。下総国以外からも兵が集まったというから、将門人気の高揚を見ることができる。兵の中には「日ごろ国府に憤懣を抱く者が、そのなかで気勢をあげていた」ともいう（北山一九七五）。将門の軍中に、好戦的な者も多数含まれていたというのである。その通りだったであろう。

国司への強訴が果たせるか否か、その動静は注視の的であった。

国司軍の陣中にいた宿敵

のちの「将門書状」によれば、常陸介・藤原維幾の子である為憲は、まるで虎の威を借る狐のように、朝廷の威信を楯に罪なき者を責め立てる人物であったという。将門は、国司らを説得するため、常陸国庁へ向かった。一一月二一日のことである。

将門は「玄明を下総国に住まわせることを認め、追捕しないように」と求める文書を常陸国の国司方に奉じる構えであった。威勢を示しつつ和談を求める解決案を示したのである。

しかし返事は「否」であった。将門を陥れたい人物が国司方にいて、この和談を蹴ったのだ。強行派の為憲が三〇〇〇あまりの精兵を連れて現れると、将門に「合戦しようぞ」と告げて、いきなり挑みかかってきた。その軍勢は官品の軍用武具を装備し、楯を構えていた。将門は源扶以来の公私混同であると見ただろう。

かくして将門は国司軍と交戦することになったが、このとき国司軍の陣中に見逃せないものを目にした。

平貞盛である。将門は貞盛が敵陣にいるのを知ると、一連の事件の背後に貞盛がいたものと合点したであろう。怒りに震える将門は士卒を励まし、不退転の意気を起こして立ち向かった。

将門の武芸と貞盛の政略

この従兄弟が、どうしても逃れ難い宿敵であることを貞盛はなかなか理解できずにいた。貞盛は君子危うきに近寄らずを信条に身代を立ててきたが、将門は逆に脅威を獲物として狩ることで武名を立ててきた。

貞盛にも将門を憎むべき動機がないわけではない。故郷が受けた戦禍、焼き殺された父・国香、承平以来の終わりなき苦悩と屈辱の日々。すべては将門が原因である。これまで貞盛は懸命に努力したが、ついに将門と和睦できなかった。

武芸では将門に劣る貞盛だが、智謀にかけては坂東随一である。将門を合戦ではなく、政略で陥れる策に出た。こうして坂東で将門が〝官軍〟と争った事実を作り出そうとしたのである。

【将門の合戦10】常陸国庁付近の合戦

いま、貞盛たちは十分な武装に身を固めた官軍をもって、防戦程度の兵数でやってきた将門と対峙していた。

両軍は常陸国の大地で打ち合った。これまであらゆる困難に打ち勝ってきた将門である。兵力差があろうとも、貞盛・為憲風情に負けるはずなどない。鎧袖一触で、将門の勝利が決まった。将門方は追撃に入り、逃亡兵を討ち取った。

だが、この展開こそ貞盛の思う壺であっただろう。貞盛は乱戦の最中に行方をくらませた。勢いに乗じた将門方はそのまま押し進むと、ついに国庁を取り囲んだ。ほどなく国庁から常陸介の藤原維幾があらわれて、将門の要求を受け入れると申し出た。京都から詔書を携えていた使者もまた自ら処分を任せる形で投降してきた。

常陸国庁の制圧と掠奪

常陸国庁が降伏すると、その日のうちに掠奪が始まった。無位無冠の将門は勇者として指揮と督戦をしてきたが、戦後の命令を下す権限は何もない。そもそも将門領の内外で集められた兵は、その多くが将門の部下ではなく、義勇兵による有志連合で同格だったからである。

かれらは国衙軍に勝利したことで、これまでの鬱憤を晴らそうと、驕り昂ぶったのだろう。このときの惨劇は『将門記』でもっとも悲惨に描かれている。

　集積された美しく高価な絹織物、珍しい財宝が皆に分け与えられた。一万五〇〇〇の絹布は誰とも知れず奪われた。三〇〇あまりの家屋は一日のうちに煙を上げて滅びてしまった。屏風に描かれる西施のような美女たちは、裸にされて恥辱を受けた。府中の僧侶と俗人は酷い危害を加えられた。金銀を彫る鞍、瑠璃をちりばめた箱が幾千幾万も、家屋のわずかな蓄えや珍財まで何者かに奪われてしまった。僧侶や尼僧はかすかな望みを抱いて命乞いをした。わずかに残った役人や女たちも見苦しい目に遭い、生き恥を晒した。維幾は「気の毒だ」と悲痛な涙で、緋色の衣を濡らした。国吏たちは泥の上に跪き、悲惨な姿を晒した。こうして一日が終わった。翌朝、印鎰《いんやく》（国司としての印判と、国庁諸施設の鍵）が手渡された。将門たちは維幾と詔使を国庁から連れ出して随身させた。館に残された国庁の衆は嘆き悲しむばかりであった。伴類は途方に暮れて徘徊した。［中略］国司と詔使には家屋を宛てがったが、食欲がなく、睡眠も摂れないようだった。

国司たちの暮らし向きは贅沢で、当時の国司は「堺外の士女」（国外の侍女）を養い、将門たちが闘争する様子も「他の上の愁《うれ》え」として自らが被害を受けるまで完全に他人事と見ていた。

国司の妻子は「簾《すだれ》」の内に暮らし、移動は優雅に牛車で行うのが普通であった。国司当人には当たり前の生活だが、重労働と貧困に喘ぐ現地民にすれば、羨望よりも嫌悪感を駆り立てられたに違いない。

国司のなかには任期を終えるまで、現地の有力者と縁戚関係を結び、民衆の反発を抑えながら、満了後の生活のため私営田を開墾する者もいた。地方でも京都並みの贅沢な生活ができるよう、多くの侍女と従者を付けられ、美しい調度品や家具類に囲まれていた。

戦禍は貴族や国司のみならず、そこに仕える者たちの家屋にも及び、国司に縁のある居住区は手当たり次第に掠奪対象とされた。

貞盛の仕掛けた詭計

一一月二九日、殺戮と掠奪の九日間が終わった。討ち取った敵兵のなかに貞盛の死骸はなかった。将門方は気づかなかっただろうが、この合戦は貞盛が掘った「陥穽《かんせい》」であった（荒井一九二三）。

世直しの義挙のごとく、将門は「公の威を借りて、ただ冤罪を好む」為憲を討ち破った。だが、このため将門は「私の敵」から「公の敵」の立場に置かれることになる。「公の威」を剝ぎ取ることは、すなわち「公」の衣を破いたことになるからだ。

将門方が得た印鎰は、国司の職権を保証する道具であるから、本来は常陸国の行政を取り仕切る役を負うこととなるが、将門にその意思はない。国庁を占拠することなく、豊田郡・鎌輪の宿へと引き上げた。国庁壊滅の事実は、すぐ周囲に知れ渡った。

常陸国滅亡のあと

将門が合戦した相手は国司藤原維幾の息子為憲と、太政官から将門上洛の官符を託されて下向した貞盛であった。どちらも将門のいとこにあたる。貞盛はすでに追捕対象から外れている。さらに将門は降伏した常陸国司から印鎰を奪った。また、兵が官物・雑物を掠奪したのも言い訳できない暴虐であった。

おそらくこのとき、かれらはようやく貞盛の策に嵌められたことを知ったであろう。しかし、時すでに遅しである。

常陸国から逃げるように立ち去った将門だが、事態は深刻だった。もはやこれは私闘の範囲に留まらず、公への反逆行為と受け止められても仕方がない。将門は興世王にどうすればいいか意見を求めた。

興世王は「一国を滅ぼしただけといっても、公の責めは軽くありません」と言い、将門も「本意にあらずといえども、一国を討ち滅した罪は軽くない……」と後悔していた。興世王は公からの処罰に怯え、将門はそれよりも自らの罪悪感に苦しんでいた。

ここで興世王は将門に囁いた。

「同じことなら坂東を掠め取り、今後の様子を観望することです」

わが願いはただひとつ

これまで将門は、太政官からの褒賞を待ち続けていた。追捕すべきを追捕し、坂東の争乱を鎮め、諸国から善状を集めるほどの信望を勝ち得た。前代未聞の忠功ぶりだ。それでも反応が何もないとなれば、否が応でも動かざるを得ない状況を作り出すしかないだろう。

将門は興世王に「わが願いはただひとつ」と答えた。「将門はいやしくも桓武天皇の玄孫です。同じことなら、八ヵ国を皮切りに王城（京都）まで攻略しようではありませんか。まずそのためには諸国の印鎰を奪い、国司をすべて京都に追い払ってやりましょう。そうすれば坂東と万民を手中に収めることができます」と宣言した。

このときの将門に、確たる大略や展望があったとは思われない。ただ、これまで何度も絶望の淵に立つ兵を奮い立たせた将門である。このままでは自分のために仲間たちが、朝廷に逆らった罪人の汚名を受けてしまう。「滝口武士」として少年の日々を過ごし、〝坂東の兵〟として生きた将門にとって、それだけは何としても避けたかったに違いない。こうして将門は興世王の献策を容れて動き始めていく。

座して反逆者とされるぐらいなら、勇を奮って既成事実を作り、功を認めてもらうほかにない。自らの手で坂東を受領して、前任以上の善政を施し、万民の支持を集める。それが将門の選んだ道だった。

後に引けない「大議」の実行

こうして「大議」（重要な会議・相談）が煮詰まると、かれらは国司方から奪ったばかりの印鎰を持ち、国庁に入ることで、滅亡させた常陸国を統治する姿勢を明らかにした。それまでは将門も自らの国庁制圧を、一国を「討滅」せしめたものとして反省していた。だが、これでは将門たちの行動はすべて暴徒の振る舞いとして断罪されることになってしまう。

では、国庁に印鎰を持つ人物を配置して、役人不在の状態を改善すればどうだろうか。

自らの配下に国司代行をなさしめ、民衆を保護することができれば、朝廷も罪に問いにくくなるのではないか。興世王の提言は、貞盛の陥穽を埋めるべく打ち出された苦肉の策だった。そこに貴種で、しかも類稀なる武芸と侠気を兼ね備えた将門の人望を併せれば、すべてを覆せるかもしれない。

なお、次章で詳述する「将門書状」にも「自分は桓武天皇の末裔なので、日本の半分を領することになっても、おかしなことだとは思いません」という趣旨の言葉があり、先の将門の宣言と重なっている。ただし「将門書状」の内容はあくまで「日本の半分」を領することの正当性を述べるに留まっていて、京都を攻めることまでは視野に入っていない。

それればかりか「我が身を省みると、恥じ入ることばかりで、面目の施しようもありません」といった反省の弁も述べられており、『将門記』本文に描かれた野心的な将門と、同書に引用される「将門書状」で自分の迷いを整理できずにいる将門には、大きな違いがある。

一二月二日、常陸国から太政官に、興世王と平将門が官民の官物・雑物を損害したとの報告があがった（『日本紀略』）。

武夫たちの行進

将門は次に下野国を受領するべく動き始めた。

常陸国を受領した将門の兵力は数倍に膨れ上がり、数千の兵が付き従っていた。しかもその士気は異常に高かったという。

本来なら国庁を制圧した将門は公に反する群盗に過ぎず、これに味方する者など現れるはずもない。なのに将門人気の高騰は尋常ではなくなっていた。寡兵で国司軍を打ち負かし、しかも「その行政を代行する」と意思表示したのは将門が史上初である。将門は坂東の代表者として、絶大な支持を集めたのだ。

京都が将門を坂東の主人と認めないなら、実力行使に及ぶほかなし、坂東の大地は、京都から派遣された貴族たちを肥やすためにあるのではない。国庁の事件もこの大地を自分たちの色に染めなおす壮挙として、かれらの心を弾ませただろう。

将門を慕う騎兵たちは、龍のように立派な軍馬に跨り、雲のように群がる従者を率いていた。その雄姿はまるで一〇万の敵に戦勝するのも夢ではないくらい昂然としていた。

常陸国庁の惨事がかえって武夫たちを奮起させていた。かれらは異国に聞く〝革命〟を将門が見せてくれると胸を膨らませたであろう。革命には犠牲がつきもの――。贅沢三昧の富豪層が酷い目に遭うとき、すべては一気に加速する。ひとりの勇者が坂東の民を虐げていた連中を追い払おうとしている。こんな快事はそれまで誰も見たことがなかった。

大挙した武夫たちが鞭を掲げ、蹄の音を響かせた。すでに万里の山をも越えんばかりの勇壮さであった。その姿は何よりも雄弁に坂東独立の機運到来を告げていた。「諸国之善状」を寄せたときから、すでに武夫たちは自ら首領を選び、推戴する日を待ち望んでいたのだ。この願いを阻む者はもはや国司だろうと容赦しない。われわれの手で覆して力ずくでも認めさせる。その衝動はかれら自身にも抑え切れないものとなっていた。

下野国庁を受領する

大挙して押し寄せる武夫を見た役人たちに、抗戦する気概や責任感があるはずもなかった。下野国の現任国司・藤原弘雅《ひろまさ》と前任の国司・大中臣定行は事前に定められた儀式のように揃って跪き、二度ばかり将門に拝礼して印鎰を捧げた。国庁と居館を譲り受けた将門は、あっさりと下野国の統治権を受領した。

弘雅は将門から警護をつけられ、京都へと送られた。旅の途中、弘雅は何度も「在国して間もないのに、こんな苦痛を受けようとは」と嘆息した。牛車や馬を接収されたので、積雪の坂道が多い信濃国を徒歩で渡り、悲鳴をあげながら京都へ向かった。このときの愚痴は『将門記』に長々と記されているが、贅沢な生活が失われたことばかり嘆かれ、朝廷や現地民への悔悟の念は一切見られない。これまでこんな国司が追い出されないほうがおかしかったのだ。

こうして将門は、下野・武蔵・常陸・下総国を支配下に組み入れた。

上野国庁を受領し、今後の展望を定める

将門と坂東の将来は、これからも今回のように武夫たちをうまくコントロールできるかどうかにかかっていた。かれらはいま、将門が坂東の主人となることを願って集まっていた。

暴徒同然のかれら革命戦士を統御して、新しい政治体制の構築へ導くには、旗頭に立つ者の覚悟と戦略が肝心であった。いつどのようにして、挑戦者から為政者に変ずるかが問われるのである。

下野国庁の受領から四日後の一二月一五日、将門の軍勢はついで上野国庁を受領した。

身柄を抑えられた上野介・藤原尚範《ひさのり》は印鎰を奪われたあと、一九日に将門から警護を付けられ、京都に還送された。その後、将門たちは国司の印を持って国衙の政庁に入ると、東西南北の四門を固めた。すでに安房・上総国も帰順の動きを見せていたらしく、いよい

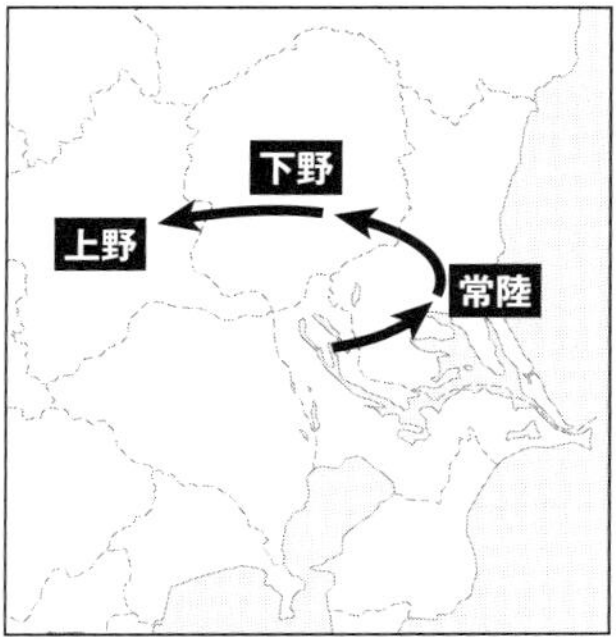

平将門国庁受領の経路

よ坂東八ヵ国をどのように統治するかを明確にする段階にあった。

ただちに重臣会議が開催された。

ここまで興世王の提案した通りに戦略を進め、坂東制圧を順調に達成してきた。では、この次はどうするのか。

勇者が勝者となったいま、王者への扉は眼前に近づいていた。

第六章　将門、新皇に即位す

でいる。

諸国の除目と巫女の宣託

将門は、伊豆国を含む坂東諸国を制圧した。

一応、国庁から印鎰を譲り受けてのことであるから、違法性を阻却する形でことは進んでいる。

しかしそこに希望も達成感もあろうはずがなかった。朝廷からいまだ何の音沙汰もなく、その気持ちが見えなかったのである。

そのなかで開かれた上野国庁の重臣会議は、「諸国之除目」を放つためのものだった。坂東八ヵ国の国司を中央政府ではなく、自分たちで改めて任命するのである。このとき一同の顔色は「貧人」同然で決して明るいものではなかった。それでも逃げた国司の代役はいる。公のない状態が長期化すれば、坂東の兵と百姓がいつ群盗に豹変するかわかったものではない。だからかれらは公を演じて臨時に国司を定め直さねばならなくなった。通説では、『将門記』がこのときの様子をほぼ描写し終えたあと、天慶二年（九三九）一二月一五日付の「将門書状」を掲載していることから、この会議もまた一二月一五日のこととされている。

除目の中身を、同書は「将門書状」のあとに紹介するが、ここでは先に掲出しよう。

下野守：平将頼（将門弟）
上野守：多治経明《たじひのつねあきら》（常羽御厩別当）
常陸介：藤原玄茂《はるもち》（もと常陸掾。玄明の兄弟ヵ）

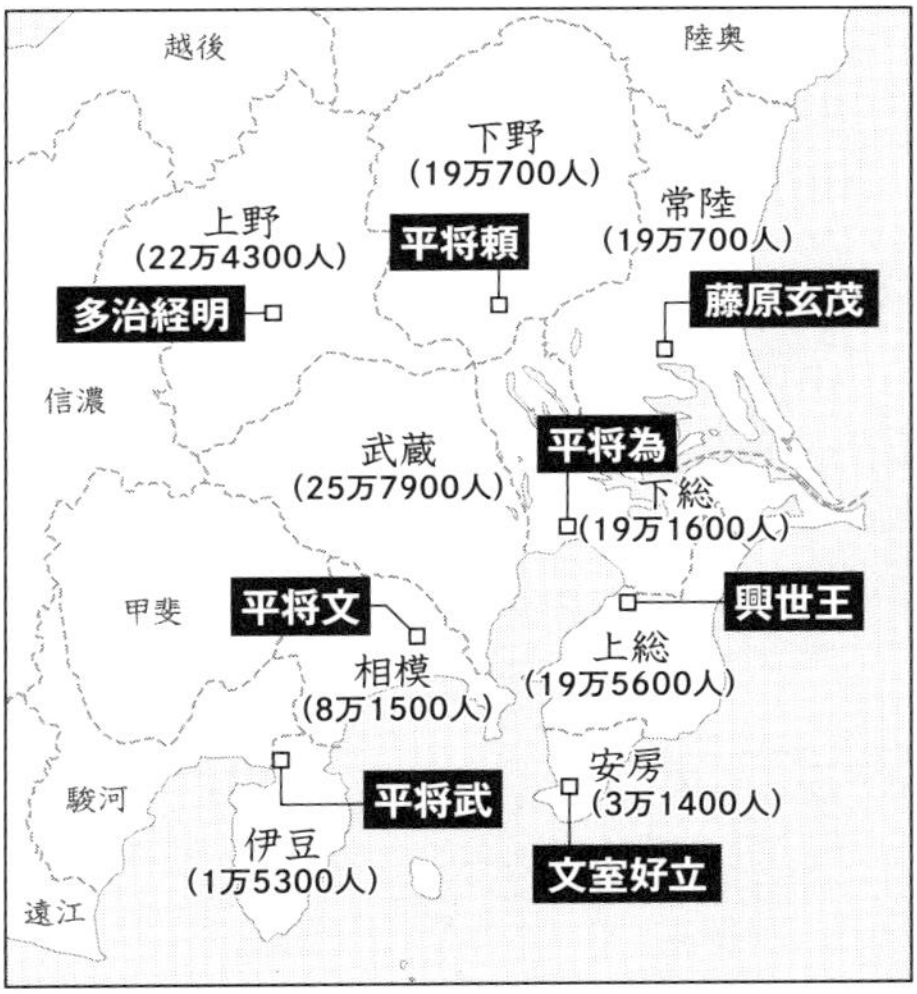

「諸国之除目」で任命された八人の国司　人口は推計

上総介：興世王（武蔵権守）
安房守：文室好立（将門上兵）
相模守：平将文（将門弟）
伊豆守：平将武《まさたけ》（将門弟）
下総守：平将為《まさため》（将門弟）

以上、『将門記』には東国八ヵ国の国司が記されている。

坂東の定義は時代により流動的である。『続日本紀《しょくにほんぎ》』神亀《じんき》元年（七二四）四月一四日条に「坂東九国」とあり、八国に伊豆国を加えた九国が坂東だった。ついで『続日本紀』天平宝字《てんぴょうほうじ》三年（七五九）九月二七日条に「坂東八国」とある。そして『続日本後紀』嘉祥《かしょう》元年（八四八）一一月三日条には「坂東十国」とあり、陸奥・出羽国も坂東とされている（網野二〇〇〇）。そしていま、将門は「坂東九国」を統治する姿勢を示したのである。

本来徐目の発令は天皇が重臣たちの前で行い、そこから役人に行き渡らされ、民衆の知るところとなるものだが、そうした手順をはじめから省いてしまっているので、かれらは直接民衆に除目を伝達しなければならなかった。公に見捨てられた兵が、公に見捨てられた民に虚勢を張って今後の統治方針を示すのだから、一同の顔が曇るのも無理からぬところだっただろう。

さて、将門からその「諸国之除目」が放たれると、そこで思わぬことが起こった。ひとりの巫女が「八幡大菩薩の使い」による神懸かりに逢い、宣託を口走ったのである。ところでいま「そこで」と表現した部分を、『将門記』は「于時」と記している。この文字はこれまで「このとき」の意味で捉えるのが一般的で、巫女の事件を会議直後の出来事と解釈することが多かった。しかし、古代中国語では連詞の「そして」の意味で解釈する文例がある（山崎二〇〇五）。ここに『将門記』の叙述トリックがあることを警戒し、「このとき」ではなく、「そして」のニュアンスで捉えておきたい。巫女の事件はおそらく除目の直後に起こったものではない。

新皇即位宣言

さて、その神懸かり描写を見ていきたい。

そして、ひとりの巫女（昌伎《かんなぎ》）が「八幡大菩薩の使いである」と口走った。「朕《ちん》が位《くらい》を蔭子・平将門に授け奉る。その位階を記す文書は左大臣正二位・菅原道真の霊魂が述べて伝えよう。このことは八幡大菩薩が八万の軍を起こして、朕が位を授け奉る。いま、すべからく三二相の音楽をもって早くこれを迎え奉るべし」

恐れ入った将門は、巫女に首を差し伸べて二度ばかり拝礼した。

四方を警護する兵たちは沸き立って歓び、これと併せて数千の者たちが、新しい王者の誕生を伏して拝した。

坂東の民衆が新政権の棟梁を推認する瞬間に立ち会ったのはこれが初めてのことであった。それも遠方の中央から派遣された人物ではなく、現地から起こった王者を推し戴いたのである。

また、このときの「宰人」（参謀）である興世王や藤原玄茂たちの喜びようは、まるで貧しい人が「富」を得たように笑みを咲かせ、その様子は蓮華の花が開くようだったという。これを承けた将門は自らの諡号《おくりな》を奏上させて、「新皇《しんのう》」と号することにした。新皇即位の瞬間である。

「将門書状」の主旨

即位の様子を描いた直後、『将門記』は将門が一二月一五日に、太政大臣・藤原忠平とその四男・師氏《もろうじ》に書き送った書状を掲載する。書状の内容はとても丁寧で、忠平への敬慕の念に満ちている。ひとまずここに、その全文を口語訳しておく。少し長く思われるかもしれないが、出師表《すいしのひょう》や直江状《なおえじょう》よりは短いので、さらりと目を通してほしい。

将門より謹んで申し上げます。忠平様から親しくお教えを頂かぬまま、多くの歳月を過ごしました。拝謁を切望していますが、急のことにどう申し上げてよいかわからずにいます。伏して御賢察を賜りますれば、誠に深甚と存じます。

さて先年（九三五）、源護らの訴状によって将門を召されました。官符を畏れ多く思い、すぐに上京して伺候いたしました。すると、「将門はすでに恩赦を受けた。よって早く返し遣わす」との仰せを奉り、無事に帰国することができました。そのあと、合戦のことなどすっかり忘れ、弓の弦も緩めるほど安らかに過ごしていました。

そんな折、前下総介・平良兼が数千の兵を動員して、将門を襲撃しました（子飼渡合戦）。逃げるわけにもいかず、やむなく防戦しました。このとき、良兼が殺人、掠奪の罪をなしたことについて、詳報は下総国司からの上申書に記して、太政官に言上いたしました。そこで朝廷は「諸国は力を合わせて良兼たちを追捕せよ」との官符を下されまして、ことは収まりました。ところがそこへ（追捕対象は良兼たちであるはずなのに）今度は「将門を召喚する」という使いを給りました。これには不安を覚えたので、上京を避けましたが、そのかわり官使の英保純行に、詳しく事情を伝え直して、言上させて貰った次第です。

ところがそれに御裁許のお返事がなく、どうなっているのだろうと思っていましたところ、今年（九三九）の夏、また同じように平貞盛が「将門召喚」の官符を携えて、常陸国司のもとに到着しました。それで国司がしきりに将門まで手紙を送ってきましたが、この貞盛は、追捕を逃れてこっそり上京した者であります。太政官としては当然ひっ捕らえてその理由を糺すべきですが、かれの言い分を認めるような官符を貞盛に与えました。（将門に貞盛追捕を命じたことを忘れたかのように、貞盛に将門召喚の官符を手渡すなど）これはお役所仕事の怠慢でしょう。

また、右少弁・源相職《すけもと》が、忠平様のお話の趣旨を伝える書状を送ってきました。そこには「武蔵介経基の訴状により、将門を推問する官符が下される予定になった」とのことでした。

そこで詔使（武蔵問密告使）の到着を待っていましたが、その頃、常陸介・藤原維幾に為憲という息子がいて、朝廷の威光を笠に着て、罪もない人を陥れて得意気にしていました。これに困った我が従者・藤原玄明が助けを求めるので、実否を確かめるため常陸国へ出向いたところ、為憲は貞盛と同心して、三〇〇〇あまりの精兵を率い、公用の武具や楯を勝手に持ち出し、合戦を挑んできました。このため、将門は士卒を奮起して、やむなく為憲の軍勢を討ち負かした次第です。

この間、矢が深く刺さって亡くなった者は数知れず、生き延びた民衆もことごとく将門の捕虜になりました。

介・維幾は、息子・為憲への教育不足で合戦に及んだことを罪状に書いて咎めると、伏して詫びられたので、これでことは落着しました。

将門にそのつもりがなかったとはいえ、一国を討ち滅ぼしてしまったのです。その罪は浅からず、百の地を侵したも同然でした。このため（貞盛追捕問題以来の）朝廷での評議を伺う間に、坂東諸国を奪い終えてしまいました。

伏して父祖代々のことを思い返してみますと、将門はまさに桓武天皇五代目の子孫です。たとえ永く日本の半分を統治することになったとしても、別におかしいことではありません。

昔から武威をもって天下を取る者は、史書にいくらでも例があることです。天は将門に武芸を与えました。いま（この大業に）比肩できる者がいるでしょうか。それなのに朝廷からは褒賞の様子もなく、逆にしばしば譴責の官符を下されました。我が身を振り返ると（こんな仕打ちを受けるなど、信じられず）恥辱が多く、どうして面目を施せましょうか。このことを御推察して下さいましたら、深甚に存じます。

そもそも将門は、少年の日に太政大殿（忠平）に（家人の）名簿を奉り、あれから数十年（または数年）が経ちます。相国さまが摂政になられた世に、こんな不慮の挙に出たことは無念至極の思いでおります。言い訳は申しません。将門が地域支配の謀《はかりごと》を兆しているとしても、どうして旧主である閣下への想いを忘れられましょう。我が想いを察してお計らい下さいましたら、深甚に存じます。一通の書状に万感の想いを込めています。

以上、将門より謹んで申し上げます。

天慶二年（九三九）一二月一五日

謹々上、太政大殿（忠平）の少将閣賀（師氏）恩下

このたどたどしい私信の内容を要約すると、まず将門が坂東で巻き込まれた私闘の経緯と、自らの正当性が太政官に認められたことを述べ、そこで平貞盛が追捕の対象となったことを記している。

だが、太政官は追捕から逃れた貞盛の将門批判を鵜呑みにして、将門に説明を求めた。将門はそのお役所仕事ぶりを批判する。しかも貞盛は、常陸国司の息子を抱き込んで将門を攻撃したので、将門はこれを討ち破り、国司に監督不行き届きを認めさせた。将門は文中で、このとき勢いあまって、常陸国を衰亡させたことも隠さずに記している。

さて、ここから本文はいささか奇異なものとなっていく。将門は常陸国討滅の罪を自覚して、朝廷の対応を見ながら坂東を侵掠していったと堂々述べているのだ。このようなことを記す将門の意図は、にわかには理解しにくい。

さらに将門はここで開き直るかのように、自分が皇族の末裔であることを強調して、日本半分をこのまま領有することになってもおかしいことではないと主張する。そして、将

門には誰にも負けない天賦の武芸があり、武威でもって天下を制した例は、過去の歴史にも枚挙に暇がないと述べる。

それなのに太政官は将門に何の恩賞も与えないばかりか、譴責の官符をくだして将門を辱めた。ここで、わたしにどうしろというのだとばかりに不満をあらわにしている。

将門の忠平・師氏父子に対する要求は、以上の事実をよく踏まえて、ご再考願いたいというものであるらしい。将門は少年期より忠平に仕えてきたもので、いまもその気持ちを忘れていないことも重ねて強調する。そのうえで、出世を果たした忠平に申し訳ない気持ちだと述べながら、自分の思いを察して対応してくれたら嬉しいと申し出ている。

以上が上申書の主旨である。具体的に何をどうしてほしいのか明確でなく、将門自身何を言っているのか理解できていないようにも読める。特に政治的思惑などなく、「旧主」に対する想いから、悲痛な身の上を告白する文学的な手紙と受け止めることも可能だろう。

このため、この「将門書状」を見た読者諸兄姉のなかに、「すでに新皇を僭称しておきながら、このような自己弁護の書状を出すとは、意気地がない」と呆れる人もおられるものと思う。

しかし、ひとまずその批評は後回しにしたい。なぜなら「将門書状」の主旨を記憶に留めておいて、この先を読み進めてもらえれば、この文章をしたためた将門の意図が見えてくるからである。将門への好悪・評価を語るのは、精確な査定材料を前にしてからが望ましい。さもなくば、すべては虚しい徒労となりうる。

わたしはこのときの将門は実のところ何の迷いもなく、ごくシンプルな論理に基づいて書き進めたものと思料している。

即位への疑義

将門が新皇に即位したという『将門記』の記述を、できるだけ穏当に解釈しようとする試みは、これまで何度も行われている。将門を本意の「叛臣」ではないとする好意的解釈である。

これらの説のうち、有力なものを二点ほどあげると、第一は「新皇」僭称は「茶番狂言」に過ぎない戯言で、実際に即位など行っていないとするものである。これを唱えたのは織田完之で、情緒的に同意する声は多い。将門をお人好しな正直者の主人公とする大河ドラマ『風と雲と虹と』も同説を採っている。

第二は、将門の「新皇」構想は必ずしも京都の天皇打倒を企むものではないとするものである。親王任国の常陸・上総国の国司を「常陸守」「上総守」ではなく、「常陸介」「上総介」として、既存の体制下の慣例に習っていることと、これに京都の天皇を「前皇」「旧皇」などではなく、「本皇」と呼んでいることを併せて、将門には京都政権を否定する意思があったのではなく、いわば両立を考えていたとされている。同種の説に、除目の範囲が坂東に留まっていることから、天下を狙っていないのは明らかだとする指摘もある。聞くべき意見であろう。

さて、第一の説は史料による反証が可能である。たとえば『将門記』は、将門が新皇に即位すると、それまで「将門は言った」と記していた情景に、即位以降「新皇は勅して言われた」という表記を通している。これは将門の即位を事実としていなければできない表現であろう。

また、『扶桑略記』と『本朝文粋』の天慶三年（九四〇）一月一一日条に、東海東山道国司に宛てた将門を追捕すべしとする官符の全文が掲載（『将門記』は部分のみ）されているが、そこでは将門が「開闢以来」初めて「叛逆」を企てたことと「窺窬《きゆ》之謀」（天下取り）を企てたことを烈しく糾弾している。ここまでの批判は将門が新皇を称した風聞が聞こえていたからこそと見るのが適切であろう。

第二の説は、第一と比較しても首肯でき、概ね同意できるものである。将門が新皇を名乗ったのは、酒宴の座興などではなく、事実であると認めていいだろう。

「諸国之除目→新皇即位→将門書状→国司任官」は事実か

さて、『将門記』の時系列では、将門は諸国の除目を放つと、巫女の宣託によって即位し、国司の任官を定めた。そしてその日、将門は太政大臣・藤原忠平とその四男・師氏に書状を書き送ったことになる。

しかし『将門記』は、しばしば時系列の乱れた記述が見られ、注意を要する。将門研究で著名な歴史学者の村上春樹氏（同姓同名の小説家とは別人）も「『将門記』は、おおむね年月の順を追って事実を記す編年体で記されている。しかし、いくつかの場面で、年月の順序が逆になって」おり、「たとえば、ある事件を書き、それが終わりになると、急に過去に遡《さかのぼ》って以前の事件を書いたりする」との注意喚起をなしている（村上二〇〇八）。

実例として『将門記』本文では、貞盛の動向を追うあまり、坂東の様子が書き遅れて、あとから時系列が逆戻りするところが二箇所も認められる。同書は年月の順序に注意して読み進める必要があるのだ。

これと同様に、新皇即位の部分もまた乱れを覚える箇所が見える。それは、除目を放ったと書いておきながら、そのあとすぐに将門の新皇即位シーンが挟み込まれ、なぜかそのあとになってようやく国司任官の内訳が掲載されているところだ（二〇四〜二〇五ページ参照）。

それだけではない。その任官リストを見ると、将門が「新皇」として即位したにも拘らず、「介」が見えている。京都の天皇を中心とする政体では、親王任国である常陸・上野・上総国には「守」を置かず、「介」を置くことになっているが、将門の王朝もこれに従ったものか、常陸・上総国に「守」ではなく「介」をトップに据えて、新皇を戴く新帝国の政体に似つかわしくない不可解な形を装っている。

さらに「将門書状」でも、京都政権に対する明確な叛意が感じられず、むしろ「自分たちは現在も国を傾けている」という自省的表現がちりばめられている。さらに「将門書状」の日付が一二月一五日となっているにも拘らず、本文中では、将門が国司たちを京都に送り返した日付を一二月一九日と記し、将門たちが除目を発したのは「其後」のことだと記している。

事実は「将門書状→諸国之除目＝国司任官→新皇即位」

この記述に従うなら、将門が除目を放ったのは一九日かそれ以降の日付でなければならない。ここで『将門記』の記述通りに一連の流れを再編すると、その順序は次の通りになる。

・一二月一五日、上野国庁を制圧した将門が、「将門書状」を京都に書き送った。
・一二月一九日、将門が上野国司たちを京都に送り返した。

・「其後」に将門が「諸国之除目」を放った。すると不意に巫女の宣託を受けて、新皇に即位することになった。そのあと、将門の弟たちがこれを諫言した。

これまであまり疑問視されることのなかった「Ⓐ諸国之除目→Ⓑ新皇即位→Ⓒ将門書状→Ⓓ国司任官」の順序は、ここで「Ⓒ将門書状→Ⓐ諸国之除目＝Ⓓ国司任官→Ⓑ新皇即位」に改められる。これが正しい時系列である。

このように整理し直すことで、「将門書状」「諸国之除目」「新皇即位」の真意を再考する材料がようやく揃えられた。

ここにさっそく、私見による結論を打ち出してみよう。

結論からいうと将門の「新皇即位」は、一二月一五日に「将門書状」を出したとき、まったく予定になかった。一九日に「諸国之除目」を放った直後もまだ想定されていなかった。このとき将門と与党たちは、「西海道」を統轄する「大宰府」のようなものを上野国に打ち建て、「日本鎮西筑紫大将軍」（『善隣国宝記《ぜんりんこくほうき》』［上巻］）に並ぶ「日本坂東上野大将軍」などの美称を賜りたいと考えていたのではないか。

かれらは仮設の〝坂東臨時政府〟（幕府のような行政府）を既成事実として作り上げ、対処に困った京都に追認させることを最善のシナリオと考えていたのだろう。実際に西国で挙兵した藤原純友は、争乱の最中である翌年二月、懐柔策として朝廷から従五位下に叙せられており、その実力を追認させている。この戦略は現実的に成立しうるものだった。

だが、これまでの感触として朝廷からの反応は捗々《はかばか》しくなく、構想の実現に向かえば向かうほど、かえって絶望感が募った。破綻しかけた戦略は胸のうちを暗くするばかりであった。そこにすべての暗闇を消しとばすような一筋の光が射し込んだ。

一筋の光とは「八幡大菩薩の使い」を口走る巫女の宣託である。

〝坂東臨時政権〟の破綻

坂東八ヵ国を掠め取ったにも拘らず、かれらはこの期に及んで、なおも公を恐れ、初期戦略が破綻したときの構想がなかった。京都の顔色を伺いながら「大議」を進めて神経をすり減らし、気鬱で押し潰されそうになっていただろう。

除目を放ったとて何の慰めにもなるはずはなかった。むしろ後悔と焦燥感が先立ち、京都からの譴責と民衆からの反発を恐れたのだろう。もはや引き返すことのできない不安の果てに立ちすくむばかりだった。

すべては常陸一国を「討滅」させた大罪の穴埋めとして、国庁と印鎰を受領し、行政を代行することから始まった。そのあとは平和的に勢力圏を拡げて発言権を確保することで、京都から懐柔を期待するだけという消極策であり、いまは朝廷からの許容と追認を切望して、天に祈るばかりであった。

この場には兵だけではなく、様々な階層の民衆も集まっていたらしく、人々のうちにあったひとりの巫女が、ここで忽然と将門たちの思惑を越える宣託を告げた。

坂東の民意から生まれた新皇

このときの巫女の言葉をよく見返してみよう。そこには坂東の民衆らしい素朴な信仰心が赤裸々となっている。

八幡大菩薩や菅原道真らがこぞって将門の貴種性と功績を認め、古例にない「三二相の音楽」を奏でなさいと告げた。こうした渾然たる発想は、京都の貴族的教養が備わっていたら、決して生まれ得ないもので、貴族社会と隔絶した心の飛躍が認められる。

彼女は無学な民間土俗のシャーマンだったのだろう。この素朴な物言いが、まさしく庶民の声を代弁していたといえる。

季冬の天地に響いた巫女の言葉は、奸計と陰謀による簒奪の作劇ではなく、坂東から自発的に現れたものであろう。八幡の皇祖神が新しい皇を祝福している希望の光だったのだ。

しかも巫女の宣託は、将門を神に祭り上げるものだった。「八幡大菩薩」の「位」を授けるというのは、帝位ではなく神位を譲ることを意味する。

だが、将門はこの声をもって〝神皇〟や〝新八幡〟を名乗り、自身を神格化しようとしなかった。天上に昇ることなく、この大地に果てる人として、諡号を「新皇」とするよう告げたのだ。

兵たちは喜びに沸き立ち、集まっていた人々も伏して拝した。『将門記』は、このときの興世王と藤原玄茂の様子を「貧しい人が富を得たように喜悦した」と表現している。かれらは、このときまでほとんど群盗・暴徒の類に落ちぶれかけていた。それが、いつのまにか坂東の民意という「富」を得ていた事実を目の当たりにしたのである。これでどうして喜びを禁じ得ようか。

民衆にすれば、自分たちを置いて京都に逃げ去った国司より、坂東とともに生きる将門のほうがずっと頼もしい。「新皇」は謀臣の作為ではなく、民意から生まれたのである。

「諸国之除目」と「将門書状」が新皇政権と矛盾する理由

時系列を見直すことで、将門が「諸国之除目」と「将門書状」を発したとき、新皇即位など誰も考えていなかったことが見えてきた。

除目の国司一覧で親王任国に「介」が任命されているのは、まだそのとき、新皇即位など夢にも考えていなかったという事実を裏付けている。ただし上野国も親王任国なのに、ここだけは「守」を置いた。独立宣言の地は直轄するつもりだったのだろう。

さて、ではなぜ『将門記』は時系列を乱して、記述を進めたのだろうか。その答えを考えるに、作者はきっと坂東の民衆に危難が及ばないよう配慮したのであろう。

人々のうちから現れた巫女が、新皇即位の背中を押した。これが朝廷に知られたら、断罪の対象は将門とその配下に留まらなくなる。そこで『将門記』は、この事件を除目の途中に挟み入れ、まるで「諸国之除目」が、新皇即位のあと定められたように話を組み替えた。同書は、興世王や藤原玄明を悪質な人物に造形しているが、これは新皇即位の責任を、坂東の民衆から転化するためである。

「将門書状」の狙い

こうした前提に立って「将門書状」を読み返してみたい。初めてこの手紙を見たとき、諸兄姉は「新皇になっていながら、何を言っているのか」と首を傾げたかもしれない。だが、新皇即位を予定していない頃に書いた手紙であれば、そこで意図した戦略も見えてくる。

将門は、まず太政大臣・藤原忠平のご恩をいまも忘れていないという挨拶からはじめ、自らの正当性を訴えた。そこでは、朝廷および太政官が、罪人であるはずの貞盛に惑わされ、将門召喚を進めた不明を問い、現地の問題に追い詰められた将門が一度国を討滅してしまったことを詫びるとともに、自分が貴種であることを言い立て、国家を傾けているとの自覚はあるが、自らの武力で坂東諸国を得たことは間違いではないと主張した。

将門の狙いは明白であろう。すなわち、忠平に〝いま自分は逆賊への道を突き進んでいる。「領半国」を企む「地域支配の謀」(「傾国之謀」「郎郡之謀」)なので、地方の争乱だからと無視することはできないはず。これ以上、事態が悪化する前に、懐柔策を打ってほしい〟と婉曲に打診しているのである。

懐柔の口実として、将門は自らの人望が大きいことを誇示して威圧するだけでなく、自身に天皇への敬意と、私君・忠平への敬慕があることを熱心に告白した。

書状をしたためたとき、将門は京都に臣属し続ける姿勢を通していたのであり、帝位など望んでいなかったのである。

一枚岩ではなかった太政官と「将門書状」の宛先

さて、同年の京都、特に太政官の藤原氏はどうであったか。これまで将門は三度、坂東からその暴悪を訴えられていた。一度目は源護、二度目は平貞盛、そして今度は源経基からである。

一度目は将門が真っ先に上洛してことなきを得た。二度目も上洛を要請されたが、将門はこれに応じず、使者にはその理由を坂東情勢が不安であるためと述べた。三度目は「密告」であるため、将門に使者を派遣することは避けられたが、藤原忠平は密かに源相職《すけもと》を介して、将門が政治的窮地に立たされていることを知らせてきた。

将門が追捕対象とされることなく、三度ともその事情を尊重して穏便に進められてきたのは、ひとえに私君・忠平からの厚意があったからだろう。しかし太政官は忠平個人の思惑だけでコントロールできるものではなかった。たとえば、将門のために追捕対象とされた貞盛は、太政官に直接訴え出て、その罪過を逃れることができた。

また、荒井庸夫氏によれば、忠平は「最早齢六十に及び、長男大納言実頼は四十歳、次男権中納言師輔も三十二歳となって、自然内外の事に与る立場となって」いたのであり、「父子の心理作用に大なる間隔《かんかく》」があったともいう。藤原北家はすでに一枚岩ではなく、「貞盛経基等が両者の孰《いず》れに向つて将門排斥運動の鋒先を集中したかは、問ふ迄も無からう」と見られている（荒井一九二三）。

忠平は明らかに将門贔屓で、「諸国之善状」により、その功績を審議させたが、息子の実頼は推問使を遣わして将門の罪を確かめようとした。これを忠平から密かに知らされた将門は、推問使に無罪を立証する構えでいたが、いつまで経っても使者が現れず、この間に武蔵国や常陸国の不穏な問題が浮上して、苦しい立場へ追い込まれた。

これらのことから将門は、自分を救おうとする忠平と、これを抑止して将門に厳罰を加えようとする子息らとの「間隔」を埋めるべく、上書の宛先を、あえてまだ若くて政治的な色の薄い四男・師氏（当時二七歳）にしたのであろう。

弟と側近の諫言

将門の弟・将平《まさひら》は、新皇に諫言した。即位は事前に相談されておらず、将門の独断で行われたものだった。

「帝王の営みは智謀や武略で臨むべきものではありません。古今より天地が定めるところです。王位継承は蒼天の与えるところで、人々の話し合いで作れるものか疑問です。きっと後世に悪評を残すでしょう。よくお考えください」

これに新皇は勅して言った。

「武弓の術は、かつて両朝（平城京と平安京）を支えた。平和へと弓を還す功は、死にかけた人を救うものであった」

これは九世紀に起こった「薬子の変」が武力で解決した歴史を述べているのだろう。

「この将門は兵の名を坂東に掲げ、武威を京都と地方に振るった。いまは勝者を主君と仰ぐ世の中である。日本以外の他国もそうだろう。延長年間、大赦契王が正月一日に渤海国を滅ぼし、東丹国《とうたん》を建てた。実力ある者が国を興した先例ではないか」

確かにこの時代、日本以外の異国で王朝の交代が相次いでいた。しかし、将門は単に自分だけの実力でここまで来たのではないと語り、その正当性を主張する。

「(今回のことは)みんなの力を合わせて勝利を重ねた結果である。何を恐れるものがあろうか。岩を破るような意気は、漢の高祖・劉邦《りゅうほう》軍にも勝るだろう。もし八ヵ国を支配したところへ朝廷が攻めてきても、足柄《あしがら》・碓氷峠《うすいとうげ》の関所を固めれば防衛できる。よく考えてからものを言え」

しばらくすると、次に内竪《ないじゅ》・伊和員経《いわのかずつね》も謹んで諫言した。

「諫める家臣がいればこそ、主君は過ちを犯さないのです。もしほんとうに即位したとすれば、国家の一大事となります。天に違えば災いあり、王に背けば批難ありといわれます。願わくば、われわれの諫めを信じ、天子たる者として熟慮の採決をくだされますよう」

これにも新皇は勅して答えた。

「一度発した言葉は、どんな早馬でも止められない。口にしてしまったら、実現するしかないのだ。すでに決まった話を覆そうというのは、何も考えていないのではないか」

員経は返す言葉を失い、静かに引き下がった。これで諫言する者はもういなくなったという。「将門書状」のときにも触れたが、このような諫言が記録される以上、将門の新皇即位を酒の上の座興だったとする説は成り立ちにくいだろう。

内海に浮かぶ〝水の都〟構想

興世王が「時の宰人（参謀）」となり、また藤原玄明が将門の意向として「諸国之除目」を放った。

そして将門が新皇になった。すると、上野国よりも将門の本拠である下総国に首都を定めて、王城を建設するのが望ましい。ここに〝水の都〟計画が立てられた。

　王城は下総国の亭南に建てること。それとともに浮橋《うきはし》をもち、いわゆる京都の山崎のようにして、相馬郡大井の津をもち、いわゆる京都の大津のようにすること。

下総国の亭南に王城を建てる——。当時の下総・常陸国辺りには、いまの東京湾に匹敵する「香取内海《かとりうつみ》」が拡がっていて、いくつもの大河川が交わっていた。これまで「〇〇の渡」などの地名が登場したのは、このためである。

将門は下総国の最南端にある香取内海の湾口に、首都を置く計画を立てた。水の都である。まるで内海に浮かぶ宮殿の構想は、何も優美な景観を重視してのことではない。

このとき同時に京都の山崎のごとく「浮橋」を置く「津」(船着場)を「相馬郡大井」(千葉県柏市大井に比定される)に拓くことも構想されたことからわかるように、経済的視点に立脚した都市計画である。山崎は難波津から外洋に通じており、人と物の往来する境目にあたっていた。

下総国の「亭南」という地の位置は不明だが、下総国庁(亭)南(千葉県市川市国府台)の南方とする見方もある(鈴木二〇〇五)。

将門たちは、京都が栄える地理要因を山崎と大津にあると見て、それに習おうとしたのである。

新政権の行政機関

また将門は、左大臣と右大臣を置き、納言・参議・文武百官・六弁八史を一気に決定した。そして、天子印・太政大臣印を鋳造する寸法と隷書、その古文・正字までを定めた。

短期間のうちに、行政機関の諸官と運用を定めたところは、高く評価するべきである。そこには、もと中央貴族だった宰人・興世王の知識も大きく寄与したであろう。ただし高度の専門家が必要な「暦日博士《れきじつはかせ》」だけは適任者がなく、任命が保留された。

しかしそれでは改元が司れず、将門の王朝にとって他国の年号である「天慶」を使い続けなくてはならなくなる。

これには理由があろう。除目を発するときは事前に当人に打診されていたはずである。このときの人選は新皇の朝廷としてではなく、坂東臨時政府として創案されていた。臨時政府の人選に、暦日博士を定める理由はない。だから事前に計画されなかったのだ。このため、突発的に新皇が即位したからといって、すぐには決められなかった。

もし新皇即位が計画的であったら、国号を「坂東」とするか「八幡」とするかといった議論が起こり、独自年号を打ち立てることも事前に討議されていたはずである。

第七章　誰が新皇を殺したのか

神の鏑矢を追って

本章では最期の合戦で将門を襲う「神鏑《しんてき》」に焦点を当てながら、天慶の乱の顚末を見ていきたい。神鏑とは神性の宿った鏑矢《かぶらや》のことである。鏑矢は通常の矢に細工を施し、弓弦から放たれると、ひゅるひゅると高い音を長鳴させて宙を舞うよう作られている。

中世の故実書によると、合戦の合図または神事に使われたといわれ、特別な儀礼に用いられるものであった。少なくとも一般兵士が遠距離戦闘の最中、敵を射るのに放つような兵器ではなかった。

京都へ逃げだす国司たち

新皇の即位を聞いた諸国の国司は騒《ざわ》めき立った。いずれも鳥が飛び立つように、京都へ逃げ帰ったのである。これが国司の本性だった。かれらは百姓の保護者ではない。任地の防衛よりも、自らの保身を優先して憚らなかったのだ。

将門は、武蔵・相模国などの諸国を悠々と巡検しながら、残る印鎰の実物を確認して、現地の役人たちにこれからも公務に励むよう伝えると、その留守を託して去った。

この間、将門は京都の太政官にも自らが天位に与り受けることを伝える親書を書き送った。ただし残念ながらその本文は失われて不明である。

相模国まで巡検した将門は、下総国に帰国した。

将門が「天位を受けた」と表する書状は、京都の諸官を大きく驚かせ、宮中をも騒めき立たせた。

常陸国に潜む不穏分子の探索

天慶三年（九四〇）一月中旬、帰国した新皇・将門は、馬の蹄を休めることなく、五〇〇の兵を集めた。承平の乱以来、坂東では誰も率いたことのない大人数であった。

早期に取り除くべきは、新王朝の領内に棲む異物である。特にある地方に潜む不穏分子は、いつどんなことを仕掛けてくるかわからず、早急に手を打たなければならない。

ターゲットは仇敵となって久しい平貞盛と、これに与する藤原為憲であった。将門が常陸国に大軍を進ませると、同国那珂《なか》郡・久慈《くじ》郡の藤原氏族が国境まで出迎え、贅を凝らした宴でもって接遇した。

そのとき、新皇が「平貞盛と藤原為憲の居場所を知らないか」と勅して尋ねたところ、藤原氏族の者たちは「かれらはふらふらと移動しており、いまはどこにいるのか、わかりません」と奏上して答えた。

将門軍は常陸国にしばらく滞在して、兵士たちに貞盛と為憲を探索させた。一〇日目になる頃、陣頭に任じた上野守・多治経明《たじひのつねあきら》と坂上遂高《さかのうえのかつたか》が、吉田郡蒜間《ひるま》の江のほとり（茨城県東茨城郡茨城町の涸沼）で、貞盛の夫人と源扶の未亡人を生け捕りにした。

報告を受けた将門は夫人たちが辱めを受けないよう勅命をくだしたが、できたばかりの王朝軍に軍規も秩序もあるわけがなく、ふたりはすでに兵たちに陵辱されたあとだった。とくに貞盛夫人は服を剝ぎ取られ、その身があらわにされていた。頰の白粉は涙のあとで濁り、苦悶に満ちた姿は見る者の心を刺すほど酷い有様であった。

将門と貞盛夫人の対面

ここで経明と遂高らは「貞盛の妻は相貌に気品があります。罪のある身でもありません。願わくば恩詔をくだし、早く故郷にお返しください」と奏上した。

同意した将門は「避難する女人は故郷に返すこと、それが法の例だ。それに身寄りのない者、独り身の者に哀れみをかけるのは、古《いにしえ》の帝王が模範として示してきたことでもある」と答えて、貞盛夫人に一着の衣服を与えた。

このとき、将門は貞盛の夫人と扶の未亡人に勅歌を贈った。

よそにても風の便りに吾《われ》ぞ問ふ　枝《え》離《はな》れたる花の宿りを

貞盛夫人は、これに和して返した。

よそにても花の匂ひの散り来れば　我が身わびしと思《おも》ほえぬかな

扶の未亡人もまた、次のように詠み応えた。

花散りし我が身もならず吹く風は　心もあはきものにざりける

三人はここに和解する想いを抱いたという。歴史学者の解釈では、将門の勅歌の「枝」は貞盛夫人で、そこから去った「花」を貞盛に擬して、「宿り」すなわち貞盛の潜伏地を問うもので、対する夫人は表向き将門の温情に謝意を示しながら、裏で返答を拒否したという解釈が主流となっている（福田一九八一、鈴木二〇一二）。

だが歴史小説家の海音寺潮五郎氏は、将門勅歌の「花」を貞盛夫人として、枝である貞盛から離れたあなたはどうするつもりですかと問う、「ほのかな恋情をないまぜ」にした声かけと見ている。

そして、貞盛夫人の返歌を「お情をいただくならば、わびしさもなくなりましょう、つまり御寵愛をいただきたい」と、扶夫人の歌を「落花狼藉の目にあつて、実にもならずさんざんになつたわたくしに吹く風は、薄情なものであります」と読み取り、ふたりが将門の気を引いて保護を求めたものと解釈する（海音寺一九五七）。

個人的には海音寺氏の解釈に魅力を覚える。『将門記』の作者は、夫人が将門に心惹かれる様子を描いて、貞盛を妻から見放された人物として貶めようとしたのかもしれない。

将門軍はこのあとも数日間、常陸国に留まって探索を続けたが、貞盛の消息はまったく摑めなかった。

太政官の決意

御歳一八に遊ばされる京都の朱雀天皇は、将門の挙をお聴きになるなり、仏天を仰いで一〇日の延命を祈り請うたという。『将門記』の記述から、その様子を見てみたい。

本《もと》の天皇は一〇日の命を仏天に請うた。そして名僧を七大寺に遣わし、神仏への供え物を八大明神に祭った。詔して曰く、「忝《かたじけ》なくも天位を受けて、幸いにも大業の基礎を継ぐことができました。しかし、そこへ将門が濫悪にも国位を奪わんとしています。いつか必ず攻めのぼってくることでしょう。すぐにも諸社の幣帛《へいはく》を捧げ、邪悪を停止し、速やかに仏力を仰いで、かの賊難を払いたいと思います」。そうして本皇は玉座を下りると、掌《てのひら》を額の上で合わせた。潔斎した百官も、数多の祈りを古寺に捧げた。

天皇がかくも将門の事態を深刻視されたのである。もはや摂政・藤原忠平に将門を救う道は閉ざされた。

こうなっては私情を捨てて、将門を見限り、朝廷の保護に努めるのみである。山々の高僧は、邪悪滅亡の法を修し、社々の神官は速やかなる神罰がくだるよう式神を祭った。

こうして京都内外に、将門滅亡を願う読経と祈禱の声が響き渡った。

放たれた「神鏑」

将門調伏の儀式のひとつが『将門記』に詳しく記されている。

七斛《しちこく》（石）もの護摩が、七日間かけて焚かれた。その火中には、「悪鬼の名号」つまり将門の二文字を記した札も投じられ、覆滅が祈られた。さらに「賊人の形像」すなわち将門の人形を、いばらの樹の下に掛けた。

ここまで『将門記』は人間が行った儀式を記しているが、ここからしばらく神仏の動きが記されていく。

これらの願いを聞き入れた「五大力尊（金剛吼《こんごうく》・竜王吼《りゅうおうく》・無《む》畏《い》十力吼《じゅうりきく》・雷電吼《らいでんく》・無量力吼《むりょうりょくく》）は侍者（従者）を東土に遣わし、八大尊官（太歳《たいさい》・大将軍《たいしょうぐん》・太陰《たいいん》・歳刑《さいけい》・歳破《さいは》・歳殺《さいせつ》・黄幡《おうばん》・豹尾《ひょうび》）は神鏑を賊方（将門の方）に放」ったという。

こうして京都で行われた祈りによって、人外の空間より東国の憎むべき「悪王」へと神鏑が放たれたのである。

返し遣わされた諸国の兵士たち

一月末ごろ、常陸国で貞盛と為憲を探索していた将門だったが、『将門記』によれば、ここで諸国の兵をすべて返すことにしたという。

> 多く日を経ても件の敵を探せなかった。よって皆、諸国の兵士らを返し遣わした。残る兵はわずか一〇〇〇人足らずだった。

このため、将門のもとに残った兵はわずか一〇〇〇人にも満たなかった。事実とすれば、京都との緊張が極度に達するこの時期に、自身の兵力をほぼ無力化したに等しいことになる。

通説では、農閑期が終わるから農耕のため返したのだといわれている。しかし、いまの引用文を見てもわかるように、将門が兵を解散させた理由はここに記されておらず、農耕時期と関係がある様子はない。

たとえば『続日本紀』の延暦二年（七八三）四月一五日条に、坂東の役人が「鎮兵を濫《みだ》りに使役して、私田を営んでいる。このため鎮兵は疲弊して合戦する力がない」という事態が記されているが、これは農民が兵士になっているのではなく、兵士を農耕に転用した職権濫用の違法行為である。

そもそも古代から中世まで兵が農閑期のみ合戦したというのは俗説である。一六世紀の上杉謙信や武田信玄の動員人数も季節による違いはない。「百姓」（民衆全般）ならまだしも専従の「農民」が軍隊の大半を占めた試しなど日本の紛争史にないのである。

このとき将門は一月末に兵を解散させたが、将門初期の合戦である野本合戦は二月に起こった。またこのあと、西国で藤原純友が戦乱を繰り返し、坂東でも貞盛らが大規模な募兵を行って将門と争っている。なぜこのときの将門だけが農閑期に縛られていると言えるのだろうか。季節など関係がない。将門が兵士に温情をかけて、農地に帰したというのは、根拠なき後世の臆断に過ぎないのだ。

将門が「諸国の兵士らを返し遣わした」というのは、故郷に帰国させたのではなく、「持ち場に返し遣わした」との文意で読むべきではないだろうか。

「諸国の兵士ら」は帰国していない

こうした疑問に答えるものとして別の記録がある。

藤原忠平の次男・師輔《もろすけ》の日記『九暦《きゅうれき》』天慶三年(九四〇)二月二六日条である。そこには「陸奥国言上の飛駅奏状に云はく、平将門一万三〇〇〇の兵を率いて陸奥・出羽両国に襲撃せんと欲すと云々」と、将門の大軍が陸奥・出羽国へと移動する様子が伝えられているのだ(川尻二〇〇三)。

将門が返したという「諸国の兵士ら」は、帰国したのではなく、本来の持ち場である奥羽方面に進められたと解する余地がある。

さらに公文書を管理する公家の記録を見ると、同年四月一二日、将門の弟・将種(将為ヵ)が陸奥権介・伴有梁《ばんのありはり》の婿としてともに陸奥国で謀反を企んでいたことが記されている(『師守記』貞和三年[一三四七]一二月一七日条)。

これらの情報を照合させると、将門の大軍が常陸国に入った目的は、陸奥・出羽国への侵攻準備だったと考えられる。将門は諸国から集まる兵を再編している間、後々の禍根を断つため、同地で貞盛を探索させていた。そうするうち兵が一万三〇〇〇人にまで達したのでこれを北上させた。

このとき将門はすぐ大軍の先頭に立つことなく、前線基地として常陸国に留まっていた。これが、将門の手元に兵が一〇〇〇人しか残らなかった理由で、「諸国の兵士らを返し遣わした」とあるのは、もともと計画された持ち場に派遣させたという意味であろう。

京都滅亡の危機

将門の企ては概ね順調に進んでいた。貞盛は見つけ出せなかったが、諸国の兵士らを奥羽に進めることができた。

このまま奥羽を支配下に置けば、坂東と奥羽を含んだ東国全土を併呑することになる。一一ヵ国を手に入れたら、京都に迫る戦略もいよいよ開けてくる。その頃には、西国の藤原純友も勢力を拡大していよう。

唐、渤海、新羅に続いて、日本も滅亡が危ぶまれる事態が近づいていた。京都はすでに体制崩壊の危機に直面していたのだ。

もっとも将門が本気で京都制圧を考えていたかは疑問で、「永く半国を領する」のを公認させるための布石だったかもしれない。

そのとき、京都にとってひとつの光明となる人物が動いていた。かれはまだ誰からも期待されておらず、それどころか厄介者に思われていたかもしれない。将門が探索していた平貞盛である。かれは常陸国を脱して、下野国に入った。そして太政官に下野掾・押領使を任じられたばかりの藤原秀郷《ひでさと》に保護された。

野本合戦で殺害された平国香の後妻は源護の娘で、前妻は秀郷の姉妹だった（『系図纂要』）。貞盛の実母は、秀郷の姉妹だったのだ。

新たな登場人物・藤原秀郷について

ここで『将門記』に忽然と現れる藤原秀郷は、史料上の前歴が荒々しい人物である。

延喜一六年（九一六）八月、下野大掾・藤原村雄《むらかつ》の子である秀郷は、何らかの事件を起こして、一七人の仲間とともに「罪人」として下野国を追放された（『日本紀略』）。また、延長七年（九二九）五月には同国で「濫行《らんぎょう》」を繰り返し、太政官から「下野国はじめ五ヵ国に兵をもって糺《ただ》すべし」との官符がくだされた（『扶桑略記』）。

秀郷は反乱を繰り返す群盗のひとりだったのだ。それが今度は反乱を討伐する押領使に任じられた。秀郷が押領使になれたのは、将門が新皇に即位したためだが、貞盛の実母が秀郷の姉妹であったことも無関係ではないだろう。反将門の立場を貫ける坂東人は、貞盛ひとりだった。

その貞盛にもはや頼るべき豪族がいない。そこで太政官は、今日までしぶとく生き残った元「罪人」の実力を見込み、甥の貞盛を支えさせるべく懐柔して、下野掾・押領使の大任を与えたのだろう。

これから対峙する相手は、秀郷にとって自分と異なる新しいタイプの反逆者であった。秀郷は元罪人から功臣になるチャンスを得た。将門は京都で滝口を務め、坂東で追捕使として活躍したあと、民衆から新皇に推戴された。将門の王朝は膨張している最中である。

かつては平安の日本と争い、今度は新皇・将門に挑む——。一度の生でふたつの王朝と争う巡り合わせにあった秀郷は、兵を集めはじめた。

藤原秀郷・平貞盛、官軍として起つ

貞盛と秀郷は、兵が四〇〇〇人を越えたところで、将門の直属軍が手薄になったことを聞き、すぐに合戦を仕掛けようと考えた。

将門の軍勢が一万を越えていたら勝ち目はないが、いまの兵力差なら戦えると踏んだのだろう。

仕掛けるなら、陸奥・出羽国へ向かった将門の軍勢が帰国する前に、将門本隊を叩くの

が上策である。

将門もまた貞盛・秀郷らの動きを察した。『将門記』によれば、将門たちは貞盛たちを食い止めるべく、すぐさま下野国方面に進軍したという。将門は悠長に大軍の再結集を待つことなく、少数精鋭による先手必勝の速戦策を採った。寡兵で衆兵を翻弄するのが将門の得意戦術である。実績に裏打ちされた強い自信もあった。

二月一日、将門の先遣隊が下野国方面の境目を越えた。将軍・藤原玄明、副将軍・藤原玄茂の軍勢である。ほどなくして、その後方に続く多治経明・坂上遂高らが敵軍の所在をつきとめた。

高くそびえる山（三毳山《みかもやま》）の上から北方を眺望すると、敵兵は約四〇〇〇以上。唐沢山方面から岩舟の地を行軍中だったと見られる。

経明らはここで新皇に奏上する寸暇を惜しんで、自分たちだけで討ち取ろうと考えた。

このときの貞盛は自分たち官軍を「厠底之虫（蛆虫）」と卑下している。将門方が諸国の国庁を抑えているので、秀郷・貞盛の兵は頭数だけ揃えてまともな武装も訓練も施されていない寄せ集めだったと思われる。対する経明・遂高は自らを「一人当千《いちにんとうせん》」の武勇を誇る精鋭で、貞盛など物の数ではないと思っただろう。

かくして先遣隊は寡兵でもって強襲を仕掛けた。

【将門の合戦11】岩舟前哨戦

先遣隊の攻撃はすぐに察せられた。秀郷と貞盛らが応戦準備を整える。かつて追捕対象だったかれらも、いまや官軍の尖兵で、敵は新皇を偽称する賊軍である。この一戦、負けるわけにはいかない。

秀郷・貞盛らの軍勢は、兵の練度、武装、そして士気で将門軍に劣っていたが、兵数だけは優位であった。秀郷の戦歴も坂東では屈指のものである。秀郷が狙ったのは玄茂の隊だった。かれは「古計」すなわち老練な兵法を駆使して、敵兵を思いのまま翻弄、これを撃ち破った。

多数の弱兵を自在に操り、少数の強兵に勝利したのである。

顧みると、これまで将門とその部下が「古計」と呼べる伝統的用兵を使ったことは一度もない。室町時代の軍記『義経記《ぎけいき》』には「将門が伝へし六韜《りくとう》兵法」などとあるが、そんなものはない。将門はあくまで自身の武技と兵の督戦によって勝利を重ねてきたのである。和製の兵法書がまだ一冊もない時代、戦いを制するのは個人戦の集積だった。

対する秀郷は、地方官を歴任した曽祖父・藤成《ふじなり》以来、管理職の経験が豊富だった。次代・豊沢から三代・村雄とその子・秀郷まで、三代続けて下野国司の娘を妻に求め、王臣子孫の豪族として自らの地歩を固めた（下向井二〇〇〇）。特に藤成は播磨国において、俘囚の教化と管理を託され、従四位下にまで昇進したものである。当時、日本に帰服した蝦夷たちは俘囚として内国に移住させられた。

かれら俘囚は日本のあちこちに移配させられたが、朝廷から米と塩と燃料を支給され、役人に国民としての生活と風習を伝授された。俘囚のなかには勤労の義務がなく、騎兵の鍛錬に専念して武芸に長じる者が多く、地域の群盗や辺境の争乱に対応していた。日本の乗馬と刀剣の技術は、蝦夷の乗馬術と蕨手刀《わらびて》の製法に起源がある。

こうした異文化出身の武芸集団を難なく扱い、種々の業務を遂行させてきた下野藤原氏にとって、育成も鍛錬もなく集まった兵を集団化して操るのは手慣れたものだっただろう。「古計」と形容されるが、その実、これこそ新しい用兵だった。

散々に打ち負かされた副将の隊は特に算を乱した。統制を外れた兵たちが、それぞれ勝手な方向に逃げ出す。土地勘のない者は逃亡先に迷っているところを討たれた。

戦果拡大の好機である。貞盛と秀郷は、背を向ける敵兵を容赦なく攻めた。逃げ惑う将門の兵たち相手に馬を迫らせる。初めての勝ち戦は貞盛にとって甘美だったに違いない。

【将門の合戦12】川口村合戦

その日の未申刻（午後二時から四時まで）、追撃する貞盛は川口村（八千代町水口）に歩騎を踏み入れた。将門の拠点「鎌輪の宿」にかなり近く、ここが下野国侵攻における将門の宿営地だったらしい。

貞盛勢を見た将門は、剣を手にすると声を揚げて立ち向かった。

姿を現した新皇の雄姿は稲妻のように凄まじく、比して貞盛勢は明らかに見劣りがしていた。貞盛は天を仰ぐと三〇〇〇の弱兵に向き直り、雄弁を振るった。

「敵は強いが、あちらは無法の私軍。こちらは天の味方する官軍である。これを胸に刻んで、決して背を向けるでないぞ」

かれは公の兵として、もはや絶対に逃げないと覚悟を決めたのである。貞盛が不退転の決意を示したのは、これが初めてのことだった。

両者とも眼前の敵めがけて突き進んだ。死闘は何時間にもわたって続けられた。貞盛たちは生死を顧みることなく、いつも以上に善戦した。味方の弓矢はよく敵軍に的中した。貞盛の士気が兵たちの迷いを消し、その実力を発揮させた。かたや将門はいつになく奮わず、押されていた。

日が暮れる頃、将門が馬首を返した。新皇を護るため、楯兵が前列に出て、撤退の構えをなす。

貞盛はついに将門を退かせたのだ。昨日までの勝者を今日の敗者に貶めたのである。余力を使い切ったものか、貞盛は追撃しなかったが、付き従う常陸兵たちは、新皇の敗退を嘲笑った。そして、夜が来る前に下野国の宿営地へ戻った。

将門たちは強い恥辱を覚えながら、下総国へ撤退した。

貞盛の初勝利と国家防衛論

将門は鬼や神の眷属ではなく、人の手で押さえ込める人の子だった。

宿営地に帰り着いた貞盛と秀郷は心に余裕ができたものか、将門を評しながら今後の展望を語り合った。

「将門とて千年も生きるような化け物ではありませんね。これで、あいつがわれわれと同じ定命の生き物に過ぎないとわかりました。将門は身の程知らずな企てから世を乱していますす。動きだすと朝から晩まで濫悪の限りを尽くし、静かなときも私財を蓄えるので油断なりません。あいつこそ坂東の害虫、田舎の毒蛇も同じです」

かつて「諸国之除目」の直後、将門は巫女から神位に推されたが、敵対するかれらもまた将門を不敗の半神であるかのように錯覚していたのだ。そして将門からどのように大義を奪うべきか考えて、争乱と収奪を繰り返していることを強調し、「害虫（「宏蠹《おおいなるのむし》」）」「毒蛇（「毒蟒《どくのやまかがち》」）」と言い放ったのだろう。

続いてかれらは将門を「凶賊」と呼んだ。

「いまこそ凶賊を殺害して、世の乱れを鎮めましょう。私闘が大きくなってしまい、ついに国家への反乱を呼び招きました。このままでは天皇のご威徳まで損なわれます」

かれらは戦後処理を見据えて、国家体制論までも語らった。

「『尚書』に〝泰平の世にも戦わなければならないときがある。兵の武装が十分でも鍛錬を怠ると使いものにならない〟とあります。もし今回の戦いに勝ったとしても戦う心を忘れてはいけないと思います」

これは不測の事態への備えを述べる安全保障論だった。

平安時代の日本は争乱への備えが不十分で、外敵との境界区域を除けば、どこも軍事的空白地であった。そこを将門のような人物に衝かれ、現在の国難に直面してしまった。

そして貞盛は、ともに戦勝を迎えた老将を前に、勇み立った。

「周の武王が病に臥せたとき、弟は兄の命令を奉じて大任を務めたといいます。この貞盛もまた朝廷の命令を奉じて、例の敵を討とうとする思いでいます」

貞盛は強敵・将門に立ち向かった興奮、秀郷の用兵による緒戦の勝利、そして自らの手で将門を敗退せしめた経験を通じて、忠勇でもって天下に名をなす歓びを知ったのである。

空手形の募兵から一所懸命へ

貞盛は、自分でも将門に勝てるのだと悟ると、この勝利によって募兵に手を尽くした。そして集めた群衆に「甘詞（甘い言葉）」をもって説き、手元の兵数を倍増させた。褒賞で釣ったのだろう。

これは、さきほど貞盛たちが戦後の防衛体制を論じていたシーンにつながっている。特に「今回の戦いに勝ったとしても、戦う心を忘れてはいけない」と語ったのは、いま採るべき戦略を定めるための宣言だったのだ。将門打倒の褒賞として、その後も兵たちを諸国の常備兵に登用させることを約束することにより、急の募兵を成し遂げたと思われる。

このことはそれまで帰属が流動的だった「武夫」（在野の私兵）が、その後、地域権力の「武士」（王属の戦士）として安定化する事実からも認められる。

この乱が終わると、坂東の国司たちは押領使・追捕使の役職を兼任することになった（『北山抄』［巻一〇］「吏途指南」）。この体制は全国化され、国司には反乱に武力行使を加える権限が認められた。こうして国司は数十人の随兵を常備することになる（『朝野群載《ちょうやぐんさい》』［巻二二］）。そしてこれが中世武士の原型になった。その土台は将門と決戦する貞盛の勇気と知恵から生まれたのだ。

いまの秀郷や貞盛に空手形で集めた兵を食わせ続ける私財などない。その戦略はできるだけ早く結果を示して、朝廷に常備兵設置を公認させなければ破綻するものだった。敵の勢が嵩《かさ》むのを待つのも愚である。ゆえにかれらの動きは早かった。二月一三日、貞盛らはすぐに軍勢を引き連れ、強賊の巣窟である下総国境目へと足を踏み入れた。

将門の作戦と貞盛の作戦

将門の作戦と貞盛の作戦は、ついに最終局面へと移っていく。

この日、将門は慣れない行軍で疲れた敵軍を誘い出すため、猿島郡の広江（常総市）に潜んだ。自ら囮《おとり》になって奇襲の機会を作ろうとしたのである。

ところが貞盛は将門の作戦など意に介することなく、下総国内の東西を駆け巡り、宮殿と思われる将門の新居を焼き払い、これを皮切りに将門与党の家屋を手当たり次第に焦土化させていった。

貞盛が民衆の住宅に対して焦土攻撃を仕掛けるのは初めてである。だが、これは恨みや怒りによる感情的な襲撃や兵の暴走によるものではなく、戦略上の焼き討ちだった。

下総国の各地から火の手があがり、天空は黒雲に覆われた。多数の人が殺害され、まともな家屋は残らなかったという。生き延びた民衆と僧侶は山奥深くへと逃れた。踏み留まった役人たちも抗戦する力がなく、結局は行き場を失い、道に迷って呆然としていた。

貞盛の襲撃は住民の怒りと悲しみを誘ったが、その矛先は「已損」した破壊者・貞盛ではなく、「不治」のもとである保護者・将門に向けられた。戦禍に見舞われた民衆は治安を乱した側よりも、守れなかった為政者を批難したのである。

将門らがかつて場当たり的に行った焦土攻撃も、戦略効果を狙ってわざと仕掛ければそれなりに使えるではないかと貞盛は誇っただろう。

面を喰らったのは将門である。貞盛が憎悪する自分を探索すると考え、あえて行方をくらませていたが、将門を無視して民衆を直接攻撃する貞盛のほうが狡猾だった。合戦を回避した将門の人望は急落した。名誉回復を急がなければ、満足に戦力を整えられない。

【将門の合戦13】猿島郡北山合戦

翌朝、将門は逆襲のため、兵とともに甲冑を身につけた。しかし以前に定めた兵八〇〇〇は集まっていない。貞盛の「甘詞」と「已損」によって少なくない兵が離反してしまっていたのである。

いまの将門に必要なのは戦勝の実績だった。貞盛が急に集めた大軍など、いつまでも維持できるはずがない。戦局を動かせば味方の兵数回復も見込まれる。そのためには低下した求心力を取り戻すことが肝心だった。そこで将門は一戦を仕掛けることにしたのだ。将門の全軍が猿島郡の「北山」（坂東市南方に比定される）に移動して陣を構えた。ただしその数、わずか四〇〇人あまり——。それがいまの限界だった。将門はここを決戦の場と定めた。

やがて秀郷と合流した貞盛らの軍勢が現れた。将門の一〇倍を超える大軍である。合戦は未申刻に始まった。秀郷・貞盛は鋭く守りを固め、遠近両用に立ち向かえるよう陣構えを整えていた。両軍ともにあらん限りの力を振り絞って闘争した。特に兵に余裕のある貞盛・秀郷の用兵は巧みで、将門を弄ぶかのように強弱を使い分けた。

将門も負けてはいなかった。風向きを味方につけたのである。

北側に布陣する貞盛・秀郷に対し、将門は南側にあったが、北向きの強風が将門を勢いづかせた。矢戦では順風を得るほうが優位である。乾いた突風はしばしば木々を鳴らし、土塊を転がすほど強く吹いた。

それはいささか強すぎるほどだった。暴風が将門軍の前列に並ぶ楯を前に倒したのだ。貞盛の楯もまた後方へ払われそうになった。これを見た将門の兵たちは楯を捨てて急迫した。楯の守りを失った貞盛の中陣は狼狽した。そこへ騎乗する将門の従兵が乗り入れて斬りかかった。貞盛方は八〇人あまりを討ち取られ、押し崩された。

烈しい順風の援護を、新皇勝利の瑞兆と見ない兵があろうか。

この機を逃す手はない。将門は親衛隊を連れ立って前進した。追撃の構えに入ったのである。天候すらも操る新皇の威容は、人知を超えていた。貞盛・秀郷・為憲らに味方する伴類二九〇〇人が怖気づき、あっという間に潰走した。残るは精兵三〇〇人あまりのみ。それもすでに浮足立っている。勝敗は決したも同然である。

そこで風向きが変わった。真逆の風が吹き始めたのだ。この地方の季節風は、急変することがよくあるという。

将門は本陣に戻るべく馬首を返そうとした。逆風が順風に変わったこのわずかな隙を衝こうと、貞盛と秀郷らの兵が殺到する。

これを見た甲冑姿の将門は駿馬を駆らせ、身命を捨てて応戦した。ここで退いては命より大切な名を失うことになる。

そのとき、将門の馬が力を失った。付き従う兵も武術を失った。将門は矢を受けて斃れていた。余塵が敗者の人馬を濁らせていく。

新皇の戦死

将門を射止めたのは「神鏑」であるという。『将門記』には「暗《おもわず》に神鏑に中《あた》りて」と流れ矢に当たったように描写されている。さらに次の教訓めいた言辞も付されている。

いまだ天下に将軍が自ら戦って死した例はない。誰のせいだろうか。少過を糺せず、大害に及ぶこととなった。

こうして短い夢は潰えた。新王朝はその実感を得る前に大害に遭い、あえなく姿を消したのである。新皇の享年は三〇前後だろう。

なお、鏑矢は通常の矢戦に使われないので、流れ矢として将門に刺さったとは考えにくい。これは京都からの念が形を得て、将門を射たという演出だろう。なお、神鏑は将門のこめかみや眉間に当たったという説もあるが、いずれも後世に作られた話である。実際の命中先は詳らかでない。

将門の王朝は、二ヵ月足らずの短期間でここに滅んだ。日本がその手で滅ぼした最初で最後の帝国であるだろう。

この合戦で射殺された将門の伴類は一九七人。接収された私物は楯三〇〇枚、弓・胡籙《やなぐい》一九九具、太刀五一柄、謀叛書（謀反の証拠書類）であった（『扶桑略記』天慶三年二月一三日条）。

残党狩りと論功行賞

新王朝の滅亡前後の様子を、時系列に概観してみよう。

一月二五日、太政官に「駿河国において官符使の卜部松見《うらべのまつみ》が、賊徒に捕獲されて官符を奪われました」とする急報が、遠江・伊豆国らの国司の署名入りで届けられた。また、同国廬原《いおはら》郡の岫崎《くきがさき》関を「凶党」が破壊して、国分寺で弓矢による死者を出したあと、雑物を掠奪した旨も伝えられた（『日本紀略』）。

二月八日、食事中だった参議・藤原忠文《ただふみ》は、朱雀天皇より追捕の宣旨をくだされると聞き、箸を置いてすぐに参内した。齢六八、常ならば軍務に携わる年ではなかったが、天皇から節刀を賜ると、自邸に戻ることなく出立準備に取り掛かった（『古事談《こじだん》』）。

征東大将軍に任じられた忠文は、弟の刑部大輔・藤原忠舒《ただのぶ》と武蔵介・源経基を副将軍とし、さらに右京亮・藤原国幹《くにもと》と大監物・平清基《きよもと》と散位・源就国《なりくに》らを組み入れて進発する。

副将軍に任じられた源経基は、これで将門謀反を密告した甲斐を得た。

しかしかれらが進発する前に、坂東の大乱は終息を迎える。二月一三日（『将門記』では一四日）、新皇・平将門が下総国で藤原秀郷と平貞盛と合戦して戦死したのである（『日本紀略』）。

その後、坂東では残党狩りの嵐が広がった。二月一九日、下野守・藤原公雅《きんまさ》が上総国において興世王を誅殺した。またこの頃、常陸国で坂上遂高と藤原玄明も誅殺された（『将門記』『日本紀略』等)。

二月二五日、同月一三日に将門を殺害した旨が京都に急報された(『日本紀略』)。坂東大乱の決着を届ける第一報が届いたことで、京都は落ち着きを取り戻した。翌日、遠江・駿河・甲斐国から詳報が京都に届いた。これで朝廷は純友の乱に専心できることとなった。

三月五日、押領使・藤原秀郷からの現況報告が京都に伝わった。第二報である。太政官も胸をなでおろしたことだろう。しかし戦功の報告は恩賞の要請でもある。ことを誤ればまた第二、第三の将門が現れかねない。

同月九日、恩賞の官符にあった通り、太政官は藤原秀郷を従四位下に叙し、貞盛を従五位下に叙して右馬助に任じることを決定した。『扶桑略記』によると、源経基も従五位下・太宰少弐に任じられた。

同月一八日、二月一九日に藤原公雅が上総国で興世王と随兵三〇人あまりを殺害したことが上申された(『貞信公記』)。

四月一二日、常陸国から太政官に「陸奥国で将門の弟・将種と舅の陸奥権介・伴有梁が謀反を企てた」との報告が届いた。その後の動きは不明で、すぐに鎮圧されたものと思われる。

同月二五日、秀郷から送られた将門の首が京都で梟首《きようしゆ》に処された。

五月一五日、帰京した征東大将軍・藤原忠文が、天皇に節刀を返上した。争乱後、将門の弟たち七〜八人ほどが妻子と縁を切り、剃髪して山に隠棲したという（『将門記』）。

運ばれてきた将門の首

先述したように、将門の死から二ヵ月以上あとの四月二五日、京都に下野国から報告書とともに将門の首が送られた。

将門の首は商業地の「東市《ひがしのいち》」で晒された。京都でもっとも多様な人々の行き交う区域であった。まだ首の保存方法もなかった時代であるから、肉も皮も形を失い、屍臭を放っていただろう。

市聖《いちのひじり》・空也が東市で念仏を唱えはじめたのは、これより二年前のことである。将門の骸《むくろ》近くで朗誦される「南無阿弥陀仏」の念仏は、誰の耳を慰めたであろうか。

将門兄弟と伴類の追捕

将門が常陸国に入る前の一一月一一日、太政官は将門だけでなく、「兄弟および伴類」もまた残らず追捕すべきとする官符を東海道と東山道にくだしていた。そこではさらに破格の褒賞も提示されていた。

魁帥《かいすい》（将門）を殺せば、朱紫の品（五位以上の位階）をもって応じる。このとき与えた田畠の恩賞は子々孫々に受け継いで良い。また、副将を斬った者も相応の官爵を賜るだろう。

（『本朝文粋』［巻二］）

将門が討たれると、残党狩りが始まった。

藤原玄茂と将門の長弟である平将頼は相模国で殺害された。興世王は上総国で誅殺された。坂上遂高と藤原玄明は常陸国で斬られた。

二月一六日、降伏を誘う恩符がくだされると投降する者も現れた。

三月五日、将門の弟・将武らを誅殺したことが甲斐国から太政官に奏上された。しかし、恩賞の対象となる人物がまだ各所に隠れていた。かれらを討ち取れば、官爵や田畠を賜ることができる。坂東は戦場から狩場へと変じていった。

首謀者とされた興世王と藤原玄茂

ところで『将門記』が書かれたのは、将門の死からまだ四ヵ月ほどしか経っていない同年「六月中」とされている。西国でまだ藤原純友が暴威を振るい、坂東で残党狩りが続くなか、恩賞の査定も残されていた。争乱の終結に目処をつけるため、そろそろ将門を新皇に祭り上げた主体に関心が移る頃だった。

死後も将門を新皇と仰ぎ続けるこの作者は、いまもなお弾圧され、殺戮されている仲間たちの惨状に心を痛めていただろう。京都と坂東が納得する答えが出るまで、不穏な動きの止む様子がなかった。そこで次の一節が強く作用するのである。


新皇が名を失い、身を滅ぼしたのは、もとはといえば、武蔵権守・興世王、常陸介・藤原玄茂らの謀《はかりごと》がなしたことである。


同書はかれらにすべての責任を押し付けている。これは作者が世論を落ち着かせる妥協点として、すでに亡きふたりを主犯に仕立てようとしたのではないだろうか。

この『将門記』が書かれたとき、将門の死を知った京都の太政官は胸をなでおろすばかりであったが、坂東の人心は冷静さを欠くこと著しく、すでに腐乱した将門の首を京都に送るほど、正気を失っていた。残党狩りはまだ始まったばかりであった。これら狂騒への対応は、もはや官吏の及ぶところではない。現地から物語の指針を示して、幕引きを図る必要があった。

特に『将門記』は、仏教的な世界観が色濃く反映されている。これは同書が現地の僧侶たちに、ことの次第を語らせるための台本だったと考えれば、その執筆意図が理解可能になる。後年の軍記『平家物語』や『太平記』は、中世の琵琶法師や物語僧が読み語る脚本として使われたが、『将門記』はこれらに先駆け、唱導のテキストとして生まれた文学作品なのである。

誰が新皇を殺したのか

本章の最後に、ひとつ疑問を呈しておきたい。誰が新皇を殺したのかである。一応、『将門記』の物語では、京都の祈りが具現化された「神鏑」が将門に命中して死に追いやったことにされており、戦死とも事故死とも記していない。仮にこれが天罰であったとして、現実の死をもたらす物理的な力は、どこから作用したものだろうか。

ここに『将門記』以外の史料を並べてみよう。

今月一三日、下総国猿島《さしま》郡の合戦中において、下野国と陸奥国（常陸カ）の軍士《いくさびと》である平貞盛と藤原秀郷らにより、凶賊・平将門が討ち殺されたそうである。

（『日本紀略』天慶三年二月二五日条）

信濃国からの飛駅《ひえき》（急使）が言上するところによれば、貞盛と秀郷が合戦で平将門を射殺したという報告書が届いた。

（『貞信公記』天慶三年二月二五日条）

これらを見る限り、将門は貞盛と秀郷の兵に射殺されたようである。ここに『将門記』の記述と矛盾はない。しかし、これを真実と見ていいのだろうか。

将門の死を初めて伝えた人物

第一報と『将門記』の記録に矛盾はないが、これらが同一人物から発せられた情報で、しかもそれが作為的虚報であったらどうだろう。

将門戦死の第一報は『貞信公記』によると、信濃国から京都へと届けられた。「飛駅」は律令制の公用飛脚で、国庁から派遣されたものである。では、戦地から信濃国庁に連絡したのは誰なのか。

将門戦死の第一報がどのように伝えられたかは、将門の調伏を行った人物の伝記『浄蔵《じようぞう》法師伝《ほつしでん》（大法師浄蔵伝）』奥書に記されている。そこには『外記日記』という、断簡史料からの引用として次の内容が見える。意訳したあと、補足説明したい。

二五日の午後四時半ごろ、信濃国から飛駅使が到着した。携えられた上奏文には「今日(日付不明)午後一一時ごろ、上野国から一五日の手紙が(信濃国に)届きました。上野国には同日午前一〇時ごろ、安倍忠良《あべのただよし》が到着したそうです。その手紙には『夜半に平良□が到着して、今日一三日、下総国猿島郡の合戦場で平将門が、下野・常陸国の軍士である平貞盛・藤原秀郷らに討ち殺された旨を伝えてきた』と書いてありました」と書いてあった。これは臨時仁王会《にんのうえ》の夕講がまだ終わらないうちに届いた。

すこしわかりにくい文章だが、この史料に注目した川尻秋生氏は、次のように整理している(川尻二〇〇三・二〇〇七)。

二月一四日夜半、先日中に下総国猿島郡で将門が平貞盛と藤原秀郷によって討ち殺された旨を「平良□」が、安倍忠良に伝えた。

↓

二月一五日午前一〇時頃、安倍忠良が上野国に伝えた。

↓

二月某日午後一一時頃、上野国からこの件を伝える一五日付の手紙が、信濃国に到着した。

二月二五日午後四時半頃、信濃国からこの件を伝える飛駅が到着した。

←

このうち「安倍忠良」という人物はほかに史料が一切ないので、よくわからない。その忠良に将門の死を伝えた人物は「平良□」である。一文字だけ不明なのは原文が虫喰いのために一部欠落して、その名前を確定できなかったためである。この「平良□」について、川尻氏が欠落した一文字の復元を試みた。

そして、欠落部分周辺の墨の色や形状を検証したところ、もとの人名は「平良文」であると結論づけた。将門のおじである。

将門の遺領を得た平良文

平良文は国香・良持・良兼・良正らと同じく平高望の子である。

確かな経歴は不詳だが、『尊卑分脈』や『千葉大系図』によると、仁和《にんな》二年(八八六)生まれ、天慶二年(九三九)「鎮守府将軍」に任じられ、「陸奥守」「上総・下総・常陸介」を歴任したという。また『今昔物語集』に記される源宛との弓合戦がよく知られている。

かなり重要な人物であるはずだが、不思議なことになぜか『将門記』には一切名前が出てこない。

国香・良兼と母が異なる良文は、将門方として染谷川で国香らと争ったといわれている（伊藤一九八〇、青木二〇一五）。系図類には「良文が甥の将門を養子として家督を継がせたが、のちに嫡子忠頼に跡を譲り、将門は下総の一角の相馬へ隠居した」と記すものもある（福田一九八七）。同族間抗争に関与せず、距離を置いていたともいわれている（赤城一九七二）。

良文の一族は将門死後に広範囲の領土を得た。その証左とされるのが長元《ちょうげん》元年（一〇二八）、良文の孫・平忠常《ただつね》が起こした争乱である。忠常は将門のごとく大乱を起こして、坂東一帯を席巻したが、三年後には降伏して、その身柄を京都に送られる途中、病死して首だけが京都に届けられた。将門に次ぐ大乱を仕切るほどの領土を持っていたのである。

それでも良文の子孫は「桓武平氏良文流」として、坂東に広く扶植した。末裔のひとり千葉常胤《ちばつねたね》は、良文から「相馬御厨《みくりや》」の地を継承したと述べている（川尻二〇〇七）。これが事実なら良文は将門追捕の官符が出たあと、多大な功績を立てて将門の旧勢力圏から広範囲にわたる「功田」を与えられたと見られる。

良文は「朱紫の品」も許されたらしく、従五位上に叙され、陸奥守に任じられた。するとかれは最終的に藤原秀郷や平貞盛の側について、将門と交戦したわけである。

ところが良文はもとから将門と敵対していたわけではない。

その二男・忠頼は将門の娘婿であったらしく、「将門為聟継跡」となって、「門跡」(後継者)に指定されていた(『相馬系図』『諸家系図纂』)。また、『西角井《にしつのい》系図』によれば、良文の孫・将恒は将門派だった武蔵武芝の娘を妻として現在の秩父市中村町に拠点を移している(村上二〇〇五)。

伝承レベルでは『源平闘諍録《げんぺいとうじょうろく》』(一四世紀成立)に、治承《じしょう》四年(一一八〇)九月、常胤が妙見大菩薩信仰の由来を源頼朝に伝える場面が描写されるが、そこで良文は将門と養子関係を結び、共闘していたように伝えられている。将門は妙見大菩薩の加護を得て向かうところ敵なしだった。だが、将門が「新皇」を名乗ると、その加護は良文に移り、常胤まで代々一族を守り続けたという話にされている。

妙見菩薩は信仰の根源に鉱山・製鉄が絡んでいる。信仰ゆかりの地には製鉄との関係の深さを思わせる地名が多く、妙見を信仰する羊《よう》一族は製鉄民であった。この逸話の妙見菩薩とは、将門に属した製鉄民・羊一族のことだろう(井上二〇〇〇)。将門滅亡後、良文は妙見菩薩の信仰者たちを保護下に置いたのである。

将門の背後にいた人物

後半の『将門記』は、急に不可解な記述が目立つようになる。
特に問題となる三点をあげると、次のようになる。

①「諸国之除目」でなぜか武蔵国の国司だけ任命されていない
②陸奥国侵攻計画を記さず、その直前に将門は兵を解散する
③北山決戦で風向きが逆になり、将門が戦死した

これらの謎は良文の情報操作が原因だろう。
①について、武蔵国の国司には同族として将門を支え続けた現地豪族の良文か、良文縁戚の武蔵武芝が抜擢されてもおかしくない。『将門記』はこれをあえて書かなかった。
②について、良文は将門の従兵や弟たちと比べて格上なので、大役に任じやすかっただろう。将門が陸奥国侵攻を企図したとき、その大将に的確なのは、天慶二年(九三九)四月一七日に「鎮守府将軍」に任じられたという良文であったはずである(『千葉大系図』『山辺家系図』『上毛花園星神縁記』)。
将門が陸奥国侵攻の先手として、良文に大軍の総指揮を委ねたのであれば、『将門記』がこれを明記せず、かつまた将門が確たる理由もなく兵を解散させる描写の不自然さにも説

明がつけられる。

良文が転身を考えたのはこの頃だったのであろう。

将門没後の四月、すでに陸奥国には将門弟の将種と陸奥権介・伴有梁だけがいて、良文の姿は消えていた。同年二月までに良文率いる大軍は藤原秀郷・平貞盛らの大軍と対峙する将門の味方として、その側にあっただろう。ここから③の謎につながっていく。

新皇即位後、武蔵国の豪族ではもうひとりの有力与党・武蔵武芝も『将門記』から姿を消している。良文と行動をともにしていたに相違ない。

良文の兵力が一万前後でその場に控えていたとすれば、平貞盛・藤原秀郷との合戦において、将門先陣がわずか一〇〇〇以下の少数で、四〇〇〇を超えるほどの大軍に急襲を仕掛けたのも理解できる。良文の支援を期待したのだ。だが、良文はかれらの役に立たなかったらしい。

二月一三日、猿島郡で北山決戦が行われた。このときの将門はわずか四〇〇の兵であるにも拘らず、三三〇〇以上の秀郷・貞盛を相手に戦況を優位に進めた。ここで将門は自身の精鋭で、とどめを刺すべく前進した。すると突然、凄まじい逆風が吹き、どこからともなく飛来した「神鏑」が将門を刺したという。この逆風こそ、離反して将門を背後から攻めた良文の比喩であるかもしれない。

すると「いまだ天下に将軍が自ら戦って死した例はない」という奇妙な教訓も、良文の罪悪感を和らげるため添えられた一文と考えられる。

以上はいずれも推論だが、『将門記』は良文の作為に基づいて筆記されたと仮定すれば多くの謎が解消されるのである。

『将門記』の作者が守りたかったもの

ただし、『将門記』の作者は、良文の保身のためにこれを書いたのではない。恩賞目当ての京都方から、将門の身内や伴類ならびに坂東の百姓たちを保護することを志して編纂したのだろう。

将門の弟・将平は寺に隠れた。かれが即位に反対した記事が特筆されるのは「かれは将門に反対した。すでに寺にも入っている。叛意はない」として庇《かば》うためと考えられる。

また、興世王や藤原玄茂と同様に、将門を他国の紛争に介入させたはずの武蔵武芝を同書はまったく批難していない。武芝の娘は良文の孫・将恒の妻である。同書が武芝贔屓なのはこのためだろう。また、良文は将門の子女を引き取り、そのひとりは良文の二男・忠頼の妻になったという。良文は残党狩りの対象となる人々を保護していた。

すると良文は、謀反劇の首謀者を将門ならびに興世王と藤原玄茂に留める形で、示談解決を諮ったのであろう。五月、良文は「将門之旧領」を託され、上総・下総・常陸介に任じられた。『将門記』はその翌月に書き上げられている。

将門の最期が劇的に見えるのは、人為で殺されたものを天意に殺されたように装ったためだろう。ここに「神鏑」を挿《はさ》む演出の妙技は、文学史と政治史に特筆されるべき奇想である。

以上、『将門記』の成立背景には、良文による残党保護があったというのが、わたしの考えである。その当否は読者諸兄姉が『将門記』の読解ならびに先学との比較を通して、評価を定めていただきたい。

第八章　敗者の声と勝者の宴

英雄なき勝利のあと

敗者となった将門の行き先は地獄だった。死後の世界を彷徨《さまよ》う将門の声もまた『将門記』の真福寺本に記されている。これを「冥界消息」（亡魂消息）という。

一方、勝者たちは栄光を手にして、子孫繁栄の礎を築いた。

本章では敗者将門と勝者四人――藤原秀郷、源経基、平貞盛、平良文――の伝承を眺めることで、天慶の乱に遡及の光をかざし、概観することにしよう。

そして最後に小括として、時代を揺さぶった「兵」の変遷について触れておきたい。

将門の冥界消息

地獄に堕ちた将門は自らの運命を受け入れ、その責め苦を味わっている。

巷説に「将門は、前世からの巡り合わせで下総国豊田郡の住人となった。かれは休みなく殺生を繰り返し、一つの善も行う心がなかった。人は定命なので、ついに滅びて亡くなった。どこに行ったのだろう」という。ある田舎の人がこれに答えた。

「将門は三界（欲・色・無色の三界）の国、六道（天上・人間・修羅と畜生・餓鬼・地獄）の郡、五趣（六道のうち修羅を除くところ）の郷・八難（仏道を妨げる八つの苦難）の村に住んでおり、中有《ちゆうう》の闇を行き来する使者がその消息を言付けられました」

ここでいう「使者」はこの世の人ではないだろう。その言付けを受けた「田舎人」は、現地の「唱導僧」と推測される（梶原一九七五）。言付けられた将門の消息は次の通りである。

「生前、この将門は（功徳になる）善行をひとつもしなかった。悪業の報いから苦悩の地を巡ることになった。現在、将門を訴える者は一万五〇〇〇人を数える。将門の悪事は伴類を催して行ったものだが、その罪を独りで受けて、報いに苦しんでいる。剣の林に身を置き、鉄に囲まれた檻のなかで肝を焼かれる。この痛みは言葉にできない。だが、一ヵ月のうち少しだけ休ませてくれる。獄吏に聞くと、〝お前は在世中、『金光明経』に誓いを立てて願掛けした。その一部に助けられているのだ〟という。〔中略〕まだ生きている兄弟と妻子よ、他者を慈しみ、悪には善で返せ。美味しくても肉を食べるな。惜しくても自ら僧侶に施しをするのだ」

田舎人は「以上が亡魂の消息である」と言ったという。将門の言葉は絶えてこれが最後である。

将門は万人の罪をひとりで背負い、永遠の苦しみを得た。ただし生前、将門は『金光明経』に戦勝祈願をかけた功徳があって、一ヵ月に一度だけ一休みできるという。なぜこんな法話的なエピソードが最後に添えられたのだろうか。それはきっと「唱導僧」が読み語りをする体裁を整えることで、この物語を将門の「まだ生きている妻子と兄弟」に届けたかったからだろう。筆者は〝仏門に庇護を求めて平穏に生きてほしい〟という願いを将門の遺族に伝えようとしたのである。

『三宝絵詞』『僧妙達蘇生注記』の将門

永観《えいかん》二年（九八四）成立の仏教説話集『三宝絵詞《さんぼうえことば》』の編者は、文人貴族の源為憲《ためのり》であるという。将門の時代から約半世紀後、かれは貴族からどう見られていたのだろうか。

下総国の平将門は東国の悪人だというが、前世に功徳をなしたおかげで「天王」になった。天台座主・尊意は悪法を行いて将門を殺した。この罪によって毎日百回の戦いをしている。下総国天台別院座主だったそうねんは、前世では将門の親で、寺院に住み、観音を頼み奉り、多くの塔を作る心善き人であった。この功徳によって弥勒の住む浄土に生まれ変わった。

これによると、将門は前世の功徳で「天王」になることができた。これを呪法で殺した高僧は、呪殺の報いとしてあの世で将門と一日に百度も合戦させられているという。また、同世紀成立の『僧妙達蘇生注記《そうみようたつそせいちゆうき》』は、将門は前世の功徳により、「日本州之悪王」どもを召し使う宿命を与えられたと記している。どちらも将門に同情的である。

将門調伏を祈禱した人物として尊意が著名だが、当時の史料に祈禱を行った形跡はない(田中一九九〇)。尊意は将門の戦死から一〇日ほどあと、二月二四日に示寂している。

藤原秀郷について

藤原秀郷は延喜一六年(九一六)八月、一族とともに下野国を追放された〝もと罪人〟である。それが将門を討った功で、下野守・武蔵守に任じられた。その後はさらに坂東北部で勢力を広げた。

それにしても秀郷個人の経歴はおろか、生没年もわかっていない。得体が知れない生涯では具合が悪いと思われたらしく、後世に、唐沢山の築城、大百足《むかで》や大蜘蛛の退治、龍神の敵と戦ったなどの逸話が盛られた。『尊卑分脈』に見える「俵《たわら》(田原)藤太《とうた》」の異名も、将門のこめかみを射抜いたという後世の創作話から派生したものであるらしく、生前この名乗りを使った形跡はない。

秀郷の子孫は佐野氏、小山氏、結城氏など名族諸氏の祖となった。

源経基について

源経基は「清和源氏」の祖として永く崇敬されることとなる。

かれは藤原忠文の副将軍として坂東に向かったが、将門がすでに斃れたことを知らされて帰京した。その後、追捕凶賊使として藤原純友の乱鎮圧に赴いたが、ここでも重要な戦闘に参加することはなかった。一応、それでも純友の士卒を生け捕りにした功で国司を歴任したあと、鎮守府将軍に出世した。

経基は後世の史料に「年わかうより弓馬に達し、武略に長ず。清和第六の皇子の子たるによりて、六孫王と名づく」(『寛永諸家系図伝』)などと、優れた武術と秀でた血筋を謳われている。

だが、経基が武術に優れていた形跡はない。また、かれは清和天皇ではなく陽成天皇の血筋である。陽成天皇より清和天皇のほうが人気だったため、事実を曲げて伝えられたという。「弓馬に達し、武略に長ず」と「清和第六の皇」のどちらも虚像である。

経基は将門の謀反を密告した功により、討伐軍に抜擢された。あとは歴史の表舞台に居合わせるだけで正四位上へと昇り、子孫繁栄の礎を築いた。国司を歴任したときも際立った活躍はしていない。すべては将門謀反の密告が虚偽ではなかったと認められることで、果たされた出世であった。

とはいえ子孫にすれば、ご先祖様には高い貴種性と武勇譚があってほしい。そこで後付けながら、虚実定かでないテンプレート通りの英雄像が形成されていったのである。

源頼光、源頼朝、足利尊氏は経基の血筋とされる。後年の武家政権は、「清和源氏」から派生したものとなった。

平貞盛について

気弱だった青年・貞盛は、勇気を鼓舞し、武芸無双の従兄弟を倒して運を開いた。また、桓武平氏国香流一族にも繁栄をもたらした。一族からは平清盛や北条早雲が出ている。

将門を討ったあとの貞盛に、複数の逸話が伝わっている。ここで有名なものを三つ紹介しよう。

貞盛のそのあと【二】：法師のために盗人を射殺す

貞盛を語る上で欠かせないものに、『今昔物語集』［巻第二九・本朝付悪行］の説話がある。そのうちのひとつ「平貞盛朝臣、於法師家射取盗人語（たいらのさだもりのあそん、ほうしのいえにしてぬすびとをいとること）第五」を見てみよう。ここでは勇ましく成長した貞盛が見られる。

あるとき京都に住む豊かな法師が、陰陽師から「某月某日、盗賊に命を奪われるので、その日は物忌みしなさい」と占われた。このため、該当日は隠れて引きこもることにした。すると夕方、陸奥国から戻った貞盛が旧交のある法師のもとを訪ね、「門を開けよ」と声をあげたが、法師は「物忌みなので……」と断ろうとした。理由を聞いた貞盛は、「ならば、従者はいい。貞盛ひとりだけを泊めよ。貴僧は朝まで隠れているといい」と言い、法師はこれに従った。すると夜に予言通り、盗賊たちの襲撃があった。待ち伏せていた貞盛は闇に紛れて、盗賊の仲間に混じり、折を見て背後からこれを襲って、七人も射殺した。逃げた盗人はあとから生け捕った。

朝になると、貞盛は法師に向かってこう語るのだった。

「もし物忌みを押し通して、わたしを入れていなかったら、いまごろ貴僧は殺されていましたぞ」

貞盛のそのあと【二】：身勝手な理由で殺戮を繰り返す

同書にもうひとつ「丹波守平貞盛、取児干語（たんばのかみ・たいらのさだもり、じかんをとること）第二五」の説話も収載されている。

貞盛が丹波守に赴任している頃、矢疵から悪性のできものがあらわれた。京都の医《くす》師《し》を招いたところ、「かなり悪い腫瘍です。こっそりと児干《じかん》という秘薬を求めなさい」と診断された。児干とは、男の胎児から肝を取って作る傷薬である。

そこで貞盛は息子の左衛門尉（維叙カ）を呼び寄せると、「腫瘍が矢疵からできたことなど、誰にもいえない。児干を求めるのも風聞が悪い。だから懐妊しているというお前の妻の子、これをわしにくれないか」と相談した。左衛門尉は青ざめたが、否とはいえなかった。すると貞盛は「嬉しいことよ。お前は（子の）葬式の用意をしておけ」と告げた。

左衛門尉に苦しい胸のうちを聞かされた医師は、貞盛のもとに出向くと、「秘薬はどうなりましたか」と尋ねた。貞盛が「息子夫婦が譲ってくれることになった」と伝えた。すると、医師は「実は同じ血筋の肝では薬になりません。探し直すことです」と答えた。やむなく貞盛は手の者に探させて、懐妊して六ヵ月になる飯炊き女に腹を切らせた。すると出てきたのは女児であった。女児は薬にならない。しかしその後、別筋から男児の肝を手に入れて、貞盛は回復した。

医師が京都に戻る日が近づくと、貞盛は左衛門尉を呼んだ。「わたしは世評が高いおかげで、陸奥国にも派遣された。それが他人の矢で傷つく弱い男だと噂になったら大変だ。児干のことも隠しておきたい。医師は今日、京都に戻る。口封じのため、追いかけて射殺せ」

左衛門尉は頼もしげに「それでは夕方頃、山で強盗の仕業に見せかけて、射殺しておきます」と答えた。だが、左衛門尉は医師にすべてを告白すると、「山に入ったら、見送りの判官代《はんがんだい》を馬に乗せ、自分は歩いておいきなさい」と伝えた。

その日夕方頃、左衛門尉の提案通り、医師は判官代を馬に乗せ、自分は従者のように歩くことにした。するとそこへ賊が現れ、馬上の判官代を射殺した。医師と従者は逃げ延びて、京都に戻った。

帰宅した左衛門尉は、貞盛に射殺の件を伝えた。貞盛は喜んだが、あとから医師の無事と判官代の死を知り、「どういうことだ」と尋ねた。左衛門尉は「こちらも馬上の者を医師と思って殺したのに、弱りましたね」と答えた。貞盛も「そうか」とだけ言って、追及しなかった。貞盛は「奇異《あさまし》く慙《はじ》無き心」の人だったと同書は評している。

この話は、貞盛筆頭の郎等・館諸忠《たてのもろただ》の娘が語り継いだものであるという。身内から悪評が伝え残されるのだから、貞盛晩年の人望は薄かったとみて然るべきだろう。

白い貞盛と黒い貞盛

さて、[一]と[二]の貞盛についてだが、[一]の貞盛は自信に満ち、武勇の扱いにも長けていて頼もしい。ここで貞盛は法師を救うため、盗人七人を射殺した。武人としての面目躍如であろう。白い貞盛である。しかし、[二]の貞盛は若い頃と比べて、別人のようである。こちらはかなり身勝手で、しかも残忍である。自分の命と名誉のために、少なくとも母親を二人、胎児を二人殺した上、自らの判官代をも死なせているのは、褒められたことではない。黒い貞盛である。

こうした貞盛の姿は、実は若い頃の性格と本質的には変わりがない。『将門記』は貞盛を「人の甘い言葉に依って、本意でなくても黙って同意してしまう」として、責任感と主体性の薄い人物のように評した。また、社会的立場や世評に執着する点も同じである。

若い頃の貞盛は社会的な成功と安定を求めた。すべてを得たあとは、兵として人格を陶冶するよりも、平安貴族らしく保身と享楽に浸る生き方を是としたのであろう。

説話［一］の白い貞盛は、自ら勝ち取った評判と地位を誇り、自慢の武芸で旧友を助けて堂々たるものがあった。しかし、最後の恩着せがましい言葉は、社会的に成功した自分に酔っているようでもある。

説話［二］の黒い貞盛だが、最後に息子から知らん顔をされて、言い返せないでいる。口論に弱いところは、良兼に押されて将門との合戦に参加してしまったときと変わらない。

つまり貞盛は、白さも黒さも若い頃から本質的に何も変わっていなかったのだ。

初めから終わりまで武士のモラルを示した男

貞盛の魅力は、この白黒両面にあるといっていい。

中世武士に曰く、犬と呼ばれようが、畜生と呼ばれようが、勝つことが基である——。そういう武士の暗黒面を、誰よりも早く理解して実践したのが貞盛だった。

幕末に曰く、勝てば官軍、負ければ賊軍——。武士の初めから終わりまで、かれらの潜在的なモデルは貞盛だった。

もっとも貞盛にすれば、そんなことはどうでもいいはずだ。「最後に笑う者が一番高く笑うのさ」ぐらいの思いでいただろう。

貞盛のそのあと【三】：妾を寝取られる

最後に『拾遺和歌集』［巻第一九・雑恋］に収載されている勅撰和歌を見てもらいたい。藤原国用《くにもち》という人物が、貞盛の妾に密通したのだ。国用は貞盛が近づく気配を感じ取り、鉢合わせする前に遁げた。このときの恐怖が歌に詠み遺されている。

宮《みや》作る飛騨の匠《たくみ》の手《て》斧音《おのおと》ほとくしかるめをも見し哉《かな》

この「ほとほと」は手斧の擬音で、「ほとほと恐ろしい目に遭った」と掛けている。

国用の生没年は未詳だが、貞盛が将門と争った半世紀もあとの永延《えいえん》二年（九八八）に正五位下陸奥守を務めている。国用が交わった人々に、清原元輔《もとすけ》・源重之《しげゆき》・藤原実方《さねかた》がいるが、いずれも貞盛より二世代ほど若い。老いた貞盛は孫ほどの若者に妾を寝取られていたのだ。妊婦らを殺してまで延命を望んだ貞盛である。さぞかし後味の悪い余生を過ごしただろう。一番高く笑ったのは貞盛ではなく、密通話を歌った若者たちだったかもしれない。

貞盛の弟・繁盛について

ところで『将門記』に登場しない重要人物に貞盛の弟・繁盛《しげもり》がいる。実はかれもこの争乱で死に物狂いの奮闘を重ねたらしい。

寛和《かんな》二年（九八六）一一月八日、かれが太政官に過去の功績を主張する上申書を提出したことを翌年一月二四日付の太政官符に認められる。繁盛の上申内容を要約すると次の通りである。

わたし繁盛は、かつて藤原秀郷や兄・貞盛とともに命がけで戦いました。ですが、わたしだけ恩賞に漏れ、虚しく仏道に励む日々を過ごしました。そこへ最近、「旧敵」の陸奥介・平忠頼《ただより》と忠光《ただみつ》が武蔵国へ移り住み、仏道を妨害してきました。太政官に報告すると、忠頼らの追捕を伝える官符が東海・東山にくだされました。ですが、国司が動く前に、追捕令が取り消されました。とても困ります。わたしは幼若の頃から故・九条師輔《もろすけ》（藤原忠平二男）公に奉仕した者です。併せてご再考ください。

（『続左丞抄《ぞくさじょうしょう》』〔第一〕）

繁盛は私闘を解決するため、太政官に働きかけて、「旧敵」の追捕官符をくだしてもらった。しかし太政官がその妥当性を見直して取り消した。そこでかれは京都での人脈と功績を強調して、取り消しの再考を求めた。こうした繁盛の動きには既視感を覚えられよう。将門らがたどった道を繰り返しているのである。

なお、ここで繁盛が「旧敵」として対立する「忠頼と忠光」は、ふたりとも平良文の子息である。ここから貞盛・繁盛兄弟と良文の一族が、古くから対立していたことがわかる。過去に「旧敵」となる機会があるとすれば、天慶の乱以外にない。やはり良文は将門の陣営に属して、貞盛方と争っていたのだろう。

平良文について

さて、その平良文である。

かれは父・高望と同じく上総介となり、やがて武蔵国の平井へと居住した。そして秩父へ、ついで相模国の村岡に移住した（『常陸大掾伝記』）。

天慶二年（九三九）、将門の陣営にいるとき、陸奥守に任じられ、鎮守府将軍を補された。翌年五月、故・将門の旧領を賜り、千葉・上総・三浦・土肥・秩父・大庭・梶原・長尾ら八平氏の祖となった。そして天暦《てんりゃく》六年（九五二）、六七歳で亡くなったという（『千葉大系図』）。

なお、良文の孫・忠常は大乱を起こして非業の最期を遂げた。忠常の実母は将門の娘であったといわれている。

作られた英雄譚

かれら天慶の乱で大功を挙げた兵《つわもの》たちは、いずれも人間らしい人間として生きた。その後、繁栄した子孫たちが、自らの系譜上の太祖としてかれらを祀ったことから、系図や逸話によってその人物像が飾られ、それぞれ立派な英雄に仕立て直された。

将門もまた、かれら英雄が打倒した悪王として、その迫力を増していった。七人の影武者がいて、身体は鉄でできており、矢や刀を受け付けなかったというのがそれである。

こうして脚色された虚像が独り歩きして、無数の物語を増産する装置となった。

新王朝の滅亡と武士の勃興

将門を倒した「兵」から生まれた「武士」について触れておく。

日本の記録に「武士」という言葉自体は古くから見られた。『続日本紀』養老《ようろう》五年（七二一）一月二七日条に、「文人・武士」は国家にとって重要な存在だと記され、ここで「武士」は京都の朝廷に直属する武芸の者を示す意味として使われている（藤田二〇一三）。

そうではない在野の戦闘員は、「兵《つわもの》」または「武夫《もののふ》」と呼ばれた。かれらは朝廷に直属しない私兵の類である。両者は将門の時代も峻別され、将門が天慶の乱を起こしたときは、将門と興世王を奉じる者たちは「武士」でなく、「武夫」と記されている（『日本紀略』）。

ここでは「武夫」を反逆した「兵」の意味で使っている。乱のあと、「武夫」は死語となっていく。反乱を鎮圧した「兵」が、京都の朝廷に属する「武士」と重ねられていったからである。

その後、定着する中世武士のイメージは、「昔より朝家に武士《もののふ》をおかるる事は、逆反の者をしりぞけ、違勅の者を滅ぼさんが為なり」（『平家物語』〔巻第四〕）として、朝廷に背いた将門を打倒した兵たちに起源があるものとされた。職制としての「武士」の起こりは、奇しくも「滝口武士」からであるという（桃崎二〇一八）。将門は朝家を守り、群盗を退治する側にありながら、真逆の運命に導かれたのだ。「兵」は新皇を打倒した「武士」の始祖となり、そして「侍」になっていく。

「侍」になった兵と、「皇」になった兵の違い

しばしば「将門は武士だった」と語られることもあるが、将門はあくまで「兵」から「皇」に飛躍したものであり、「兵」から「侍」に進んだ武士とはやはり違っていよう。

武士の起源と本義は、反逆者を滅ぼした兵にある。かれら自身、将門打倒の実績を地位

向上のテコとしてきた建前もあり、かれら武士は政権を握ったあとも「朝家」の楯たる誇りに背くことはなかった。

天慶の乱が終わってからも、皇室は何度か大難に見舞われたが、畏《かしこ》くも千年以上の歴史を守り通した。中近世の皇室を守護したのは、侍たちである。明治維新を果たしたのも侍たちである。

侍の美称に憧れる人は世界中にたくさんいる。アメリカの海兵隊には、日本人より自分たちこそ侍の後継者に相応しいと自負する意識があるという（北村二〇〇九）。

だが、侍からこの国体を正式に譲り受けたのは、われわれである。これからも皇室の歴史を護り続ける者こそが、侍の後継者たる資格を有するだろう。

永続する朝廷と将門への鎮魂

新皇は血筋と実力と宣託をもってその正当性を唱えたが、本朝の天皇は神仏の加護を一身に集められる唯一無二の存在であった。その尊貴は、アマテラスの正嫡であることに根源がある。天皇の祈りから発せられた神鏑は、将門を射抜き、日本を不徳の王朝に終わらせることなく、かえって千年の栄えを得さしめた。

その後、アマテラス信仰の総本社・伊勢神宮は、諸社に比してその位置付けが高くなり、のみならずアマテラスが八幡や加茂を従属させるという神格秩序が構築されていった（上島二〇一〇）。

日本の王朝は将門の乱という危難を克服したあと、行政の実権を奪還するのではなく、神祇を介する正当性を補強した。これにより、神話の力を中興する〝物語〟を手中に収めた。雨降って地固まるの故事のように、将門の登場は朝廷の福寿を決定づける一筋の虹として、この国の歴史に彩りを与えた。日本人は将門の鎮魂を祈ることができる唯一の国民である。

将門は、私利私欲から帝位を盗み取ろうとする賊首ではなかった。その証左として、かれは将門塚、神田明神、将門神社、築土神社、鎧神社、国王神社など坂東各地で、永く慕われ続けている。

終章　神田明神と将門塚の興起

なぜ神田明神と将門塚が都内にあるのか

将門の物語はこれで終わりである。

余談として、ひとつ疑問を投げかけたい。なぜ神田明神と将門塚が生前の将門とほとんど関係ない都内にあるのだろうか。

そもそも将門の故郷は、下総国豊田郡である。その最期も同地で迎え、切り取られた首は京都へと運ばれた。

それなのになぜ遠く離れた武蔵国で祟りをなし、その首を祀られることになったのか。偉人蘇生の仕事を終えたいまなら、その答えを明らかにしても、将門の遺志に背くことにはならず、何らかの御霊に障ることもないであろう。

読者諸兄姉には審判の役として、この再検証に立ち会い、将門の御霊がどう揺れ動くか、見守っていただきたい。

話は少し長くなる。コーヒーなどで一服して頭が冴えてからページをめくってもらいたい。

定説なき史蹟の起源

実のところ、神田明神と将門塚の起源には定説がない。虚実不明の伝承が山のようにあ

神田明神　色鮮やかな随神門

りながら、整理されたことがないのだ。どの諸説も疑わしいことは、幕末から近代初期の識者たちに繰り返し指摘されている。しかし、これらは特に問い直されることもなく放任されてきた。将門の怨霊譚を肥大化させる遠因になっているといっていい。

将門塚は、ほんとうに将門の首塚なのか。神田明神はほんとうに将門の死を弔う神社として古くから存在していたのか。これらの謎を解いておかなければ、将門の怨霊譚は再生産され続けるだろう。

そこでまずは神田明神の起源から探っていきたい。

諸説ある神田明神の由緒と祭神

神田明神の歴史に関する主要史料は、昭

和七年（一九三二）刊行の『東京市史稿・宗教篇』［第一］六五一〜六九〇頁に、原文とともに出揃っている。これを読み返せば、情報の再整理は案外、簡単にできる。

公式情報を見ると、現在祀られる祭神は、一之宮にだいこく様の大己貴命《おおなむちのみこと》が鎮座し、二之宮にはえびす様の少彦名命《すくなひこなのみこと》、三之宮に平将門命《たいらのまさかどのみこと》の神霊があるとされている。

福沢諭吉は序章に紹介した『時事新報』の記事で、平将門を遷座する代わりに大己貴命が安房国の洲崎明神から分祀され、本殿に置かれたように記しているが、大己貴命はもともと神田明神に祀られていて、将門遷座のときに入ったのは、少彦名命である。

神田明神の社伝では、天平《てんぴょう》二年（七三〇）創祀としている。出雲氏族の大己貴命の子孫が芝崎村（現在の千代田区大手町）に建立したといわれている。最初は現在の将門塚のすぐそばにあったらしい。

もっとも、これを裏付ける同時代史料は残っておらず、すべて後世に残った伝承であるため、ほんとうの成立年はわからない。現在でも人気のスピリチュアル・スポットがあったとして、それがいつからそうなのか、誰が定めたのか、答えは探しにくい。ましてや記録の習慣も電子のログもない時代の言い伝えとなれば、なおさらである。

将門が江戸で祀られた三つの理由

なぜ、この地に将門が祀られたのだろうか。

将門は下総国豊田郡の出身で、生前は坂東北部を中心に活動しており、江戸のある武蔵国とはあまり縁がなかった。

天慶三年（九四〇）二月、討ち取られた将門の首は、四月に京都へ送られた。その首は将門塚に埋葬され、神田明神の地で祀られることになったとされている。首塚は神田明神の境内にあったが、徳川時代に神田明神が移築されたとき、首塚だけ現地に残されたという。

どうしてこの地で将門が祀られたか、代表的な説が三つある。

とりあえずこれらを紹介して、それぞれの問題点を指摘していこう。

①【疫病流行による合祀説】

もっとも有名なのは、神田明神の社伝に記される次の説であろう。

延慶《えんきょう》二年（一三〇九）、豊島郡の芝崎村は疫病に悩まされていた。現地を訪れた時宗（浄土教の一宗派）開祖の他阿《たあ》眞教は、疫病を将門の祟りとして、「蓮阿弥陀仏」の法号を贈り、荒廃していた神田明神との合祀を勧めた。境内に将門塚が置かれたのである。

しかし、この伝承がみえるのは徳川時代からの文献だけなので、一七世紀以降に広まった話である可能性が高い。これについて近世の地誌『改選江戸志』も、「上人が来るまで四〇〇年もの間、村人たちが無為無策で、祟りに悩まされるのはおかしいのでは」と疑義を呈している。

②【将門首級飛来説】

もうひとつは、戦死した将門の首が武蔵国へ自ら飛行して落ちたことから、神田明神が建立されたとするものだ。初出史料は仮名草子作家の浅井了意《あさいりょうい》が、万治《まんじ》末年（一六六一）に刊行した『東海道名所記』である。なお、この話では将門の首は戦場から直接この地に飛来しており、京都には送られていない。あとで首が京都に届けられた史実を知った了意は、翌年の寛文《かんぶん》二年（一六六二）『江戸名所記』［巻一］で、次のように話の筋を改めた。

（将門の）首が飛んで空にあがり、雲に入ったが、この地（豊島郡）に落ちた。それを都に送って獄門にかけたが、首は死なずに祟りをなした。この首を見た人はみんな病気に罹り、御祈禱をしても効果がなかった。それである人が首のほとりで、

まさかとは　米かみよりそ　きられける　たはら藤太がはかりごとにて

と詠むと、将門はカラカラと笑い、目を閉じて、祟りをなさなくなった。その後、首をこの地（首が最初に落ちた地）に移し、御託宣に従って社を建てて鎮め奉ると、霊験

あらたかになった。

よく伝わる将門の首が飛行する話は、これら浅井了意の創作が大元である。天和《てんな》元年（一六八一）成立の『前太平記』になると、首が飛行するのは京都に送られる前ではなく、晒し首になってから芝崎へ飛行したことになっている。さらにこの話に遡るものに寛永《かんえい》一八年（一六四一）成立と伝わる『将門純友東西軍記』の記述がある。

こちらは少し話が違っていて、将門の首が京都で生き続けるところまで同じだが、飛行したり祟ったりはせず、カラカラと笑い、「胴体があれば、もう一度合戦したいものだ」と高言していた。そこへ通りがかった者が「将門はこめかみよりぞ、いられけりたはら藤太かはかりことにて」と歌うと、その目は光を失い、静かになったという。

だが、このとき恐ろしいことが起きていた。なんと、将門の胴体が首のある京都を目指して移動していたというのだ。しかし首が生気を失ったためか、胴体は武蔵国豊島郡で力尽きてしまう。

胴体の倒れた地では祟りが横行し、村人たちを悩ませた。そこで慰霊の社が建てられた。将門は最期の合戦で平貞盛に左目を射抜かれていたので、社は「かため明神」と呼ばれた。それは後年、神田明神に改められた。ほとりに田があったためである（武田二〇〇三）。

将門の首がしばらく生きていたという伝承自体は古くからあり、最初期の記録は『平治物語』(一三世紀中葉までに成立)だと見られている。京都で晒し首になった将門が、五月三日に微笑んだというのである。

俗話に「神田《かんだ》」は、首を失った将門の「からだ」が訛ったものだともいわれるが、起源としては「かため」のほうが古いようだ。

③【相馬党による埋葬説】

三つ目の説は意外にもオカルト色がなく、部分的にはリアリティがある。将門と縁のある相馬党が朝廷に懇請して、獄門から首を引き取った。かれらは六月、江戸の上平川で一度これを供養した。ついで近くの井戸で洗い清めて埋葬した。これが神田明神ならびに将門塚の起源であるという(織田一九〇七)。

しかし、この説は近世の『将門純友東西軍記』より前の文献に探し出せず、一七世紀以降に作られた物語と見られる。首が飛行したという荒唐無稽なオカルト話の代案として創作されたのだろう。

二月に戦死した将門の首は、六月にはすでに原形を失っていたはずである。それを洗って埋葬するのは違和感を覚える。首洗いは本来、獲ったばかりの首を清潔にするために行う。それを死後何ヵ月も経ってから東国で行い、しかもなぜ下総国ではなく、江戸に埋葬するのだろうか。この話は荒唐無稽でない起源を作ろうとしたものの、オカルト話を逃れただけで想像力が止まったものと見るべきだろう。

祭神化の異説

ちなみに①に近い異説もある。寛永一八年（一六四一）に成立した三浦浄心《じょうしん》の『北条五代記』［巻之四］「神田神事能の事付江戸の城はじまるの事」である。

ここでは、将門死後、藤原実頼《さねより》（九〇〇～九七〇）が衰退し、子孫が没落した上に、天変地異が立て続いたため、将門の祟りが噂されたという。そこで朝廷は「ならば神に祀って将門を慰めなさい」との宣旨をくだし、神田明神が将門を祀ることになった。おかげで怪異は鎮まり、国土安全になって民も栄えたという。

これが事実なら、将門もまた菅原道真や崇徳院《すとくいん》と同じく京都が祟りを鎮めるため祀らせたことになるが、将門が実頼を祟ったという話は、これ以前の史料に見られない。より古い一三世紀前葉成立の説話集『古事談』では、実頼の一族は将門ではなく藤原忠文の怨霊に祟られて没落したとされている。『北条五代記』の話はこれの模倣だろう。朝廷が神田明神に将門勅許の宣旨をくだした事実もない。

決定打がない祭神化の起源

以上三点の伝承と異説を見てきたが、神田明神は将門の首がもとだったり、胴体だったりして、所伝に大きなズレがある。いずれもインパクトが強い割に現実味が乏しく、決め手を欠いている。諸人の納得できる伝承がひとつあれば、複数の説が派生することもなかったはずだ。

諸説誕生の原因は、近世の徳川時代になっても「神田明神の祭神が将門であるらしい」という以上のことを誰も知らなかったためだろう。それで近世の人々はいろいろ考えたが、情報不足で整合的説明がつかず、納得できる説の発掘にも至らなかったのである。

次に、もうひとつ将門が祀られてからの有名な伝承を見てみよう。烏丸光広《からすまるみつひろ》の勅許工作である。

勅免を申請した烏丸光広

神田明神の祭神・将門は、武家昵懇《じっこん》公家衆の烏丸光広の厚意と工作によって朝廷から勅許がくだされたといわれている。

寛永二年（一六二五）一一月一〇日、烏丸光広は勅使として京都から江戸城に下向していた。その途中、光広は神田の須田町で、ふと気になるものを目にした。「隠れていても霊境は気配でわかりまするぞ」と思ったものか、鋭い眼光が竹垣を巡らせる古社を見据えた。のちの神田明神である。

気になった光広は宮司の芝崎勝吉《かつよし》を招き、その縁起を尋ねた。すると、次の返答があった。

「首を追って京都に向かう将門の胴体がこの地に倒れたのです。それが祟るようになったので、京都から首を返してもらい、祠《ほこら》を建てて、毎年九月一五日に祀ることにしました。それからは勅勘のため、開帳を行わず、猿楽だけ行っています。ただし大永《だいえい》四年（一五二四）に北条氏綱《うじつな》が江戸城主・上杉朝興《ともおき》を滅ぼしたときに一年休んだことから、二年に一度の行事になりました」

将門が亡くなってからすでに六八〇年が過ぎている。話を聞いた光広は「勅勘も昔のこと。すでに神として崇められて久しいのだから遠慮はいらぬ。京都に戻ったら勅免を申請して、公の許しを貰って進ぜよう」と伝えてその場を去った（『日本史蹟大系』［第三巻］）。

そして翌年一二月九日、光広は勅使として再び江戸に下向した。将門の勅免を伝えに来たのである。ここに将門は晴れて朝敵の汚名をすすがれたという。『幕府御城日記』［巻三］に伝わるこの話は、織田完之によれば、徳川幕府の内史局で祐筆が書き残した記録ということになっている（織田一九〇七）。

勅勘も勅許もなかった将門

だが、この話の信憑性はかなり疑わしい。

近世において、地方の祭神に勅免がくだるなどかなりの大事件だが、同時代史料にまったく記録がないのである。

烏丸光広は昔から人気のある文化人で、『竹斎』『仁勢物語』の作者に擬せられたり、伝説や創作に出演されることが多かった。この逸話も同種の作り話だろう。

傍証材料がある。この年、確かに光広は江戸へ下向しているが、これは三月から五月にかけて武家伝奏に随行したときである（高梨二〇一二）。そのとき光広は富士山を眺望して「富士の嶺をみるみる行けば時知らぬ雪にぞ花の春を忘るる」と詠んだ（『黄葉集』一二四三・羇旅部）。しかし逸話にある一一月には関東にいなかった。なぜなら光広は春日祭上卿を務めており、同年一一月は畿内の大和国で行われた春日祭に臨席していたはずだからである。

また、神田の須田町に竹垣を巡らせた古社があったというのも不審である。

江戸城主の徳川家康と秀忠が居城拡張工事のため、すぐ近くにあった神田明神を、慶長《けいちょう》八年（一六〇三）に駿河台へ、元和《げんな》二年（一六一六）には更なる拡張のため、湯島台すなわち現在の千代田区へ遷座させた。その九年後、光広が江戸に下向したとき、神田の須田町には該当する古社がすでにない。宮司もいなかっただろう（武田二〇〇三）。

それに将門が勅勘を被っていた事実もない。勅勘とは天皇から勘当されることだが、将門は新皇を名乗って自ら離反した。朝廷があとから勘当を宣言する必要もない。勅勘自体が近世に創られた設定なのである。

このように神田明神と将門の結びつきを示す逸話は、どれも事実と大きな矛盾があって、疑わしい。将門が古くからの祭神だったというのも見直す必要があるだろう。

神田明神は何を祀っていたのか

先述した通り、神田明神は現在の祭神を大己貴命・少彦名命・平将門命の三座としている。そして、社伝によれば、出雲氏族で大己貴命の子孫という真神田臣が創建したことになっている。そして、大己貴命は安房国安房神社から分祀されたものとされている。

ところが、その安房神社には大己貴命が祀られていた形跡が何もないのだ。

大己貴命は源流であるはずの安房神社に祀られていない、少彦名命は明治になって急に祀られたもの、将門から起こったとする伝承も弱い。すると、神田明神本来の祭神はどれも由来不明ということになる。

実は近世の識者も神田明神の祭神が誰かわからず、首を傾げていた。享保一八年（一七三三）の『江府神社略記』に「以前、さる識者が、貴人に『神代巻』の講義を行ったとき、〝神田の社は熱田大明神を祀る〟と説明していた。ある名所記は〝神功皇后を祀る〟と記していた。このように諸説あって、どれがほんとうかわからない」と記されていて、早くから神田明神の祭神に定説がなかったことがわかる。

同時代の新井白石は「神田明神は、昔は平将門を祀っていて、いまは牛頭天王・洲崎明神の摂社だ」という談を残している（『白石手簡』）。また、同時期に儒学者の山崎闇斎《あんさい》は「素《す》戔嗚尊《さのおのみこと》を祀っている」と書き伝えている（『垂加文集』『江府神社略記』『江戸惣鹿子』）。

いずれも徳川時代屈指の識者である。かれらの言葉が現在の通説と異なっている事実を看過することはできない。

この時代の神田明神は、よくある「氏神型《うじがみ》」神社のひとつだったのだろう。つまり特に有名な祭神を持たない地域密着型の習俗信仰だったのだ。それが明治維新により、政府が民間信仰の整理政策（独自性の強い民俗行事を低俗・迷信として禁じる政策）を推し進めたことで、急ぎ有名な祭神を定め、説明可能な起源を発掘する必要に迫られた。

そのとき、神田明神は有名な祭神を合祀する「勧請型《かんじょう》」の神社だったことになり、その由緒を急ごしらえで整理したのだろう。

将門塚の起源を考える

冷静に考えてみると将門塚に将門の首が埋葬される道理はない。しかもその起源すら不明な神田明神が、将門を祀る理由も史料に探し出せない。すると俗説だけが〝真実〟として残されていきかねない。ならばここに、ひとつの仮説を考えてみたい。

実は先行研究に面白い指摘がある。

この首塚は将門ではなく、中世の遊芸民を祀っていたのではないかとする丸山忠綱氏の論考である。

将門と唱門師の信仰

さきに神田明神には、将門ではなく大己貴命または素戔嗚尊を祭神とする説があったことを紹介したが、どちらも出雲系の神さまで、特に大己貴命は中世から近世にかけて遊芸民の信仰を集めていた。「ショウモンジ」と呼ばれる人々である。

一七世紀頃までかれらショウモンジ＝唱門師（声聞師）と呼ばれる民間陰陽の遊芸民が、上方を中心に闊歩していた。ショウモンジの起源は破戒僧が副業として声聞を発して稼ぎを集める「破戒の声聞」にあり、これをメインの生業としたのが声聞師である。

ショウモンジは庶民に曲舞《くせまい》（久世舞）や猿楽《さるがく》の披露に対する祝儀で生計を立てていた（喜田

一九二〇)。かれらはより多くの稼ぎを得るため、寺社の雑用も担った。それでもまともな屋敷に住める者はほとんどなく、古塚の傍らに住む者も少なからずいたらしい。

この声聞師と将門塚《ショウモン》ならびに神田明神の関係に注目したのが丸山忠綱氏である。その論考「平将門と神田明神と唱門師」によれば、「ショウモン塚」と発音する塚は全国各地にあるという(丸山一九五三)。

これらは「証文塚」の字が付され、村と村の境目を明確にするために名付けられたものが多い。ほかにも将軍塚《しょうぐんづか》や火傷塚《かしょうづか》、長者塚《ちょうじゃづか》など、音の似通う塚もあって、それぞれ悲劇色の強い物語が伝え残されている。どれも近世の人物と設定が付されているので、徳川時代に作られた物語なのだろう。たとえば火傷塚は、僧侶が村々の境界争いを止めるため自ら火の中に入って自殺したといわれている。長者塚は、長者の娘が惚れた青年が乗馬しているとき、獅子舞に驚いて落馬して死んだため、その馬を埋葬したところと伝えられている。

近世には近隣住民もその起源を亡失していたのだろう。しかし畏敬の念は残っており、伝統的風景と化した塚を守り継ぐため、それらしい由緒話を創作せしめた。これら塚の物語に悲劇的なイメージがあるのは、もともと無名墓所だったからではないだろうか。

一七世紀初頭まで入江だった塚

塚の起源が忘れられていた理由は、中世から近世にかけて衰退した文化と密接な関係にあるためだと思われる。これらは丸山氏の示唆するように唱門師の塚だったのかもしれない。近隣住民が行き倒れた唱門師の遺体を発見したとき、かれらの名前や素性を探り出せなくても、身なりからその生業が何であるかは見当がつく。こうして日本各地に「ショウモン塚」が作られた。もちろん、かれらは将門と何の関係もない人々だった。

いまの将門塚もそのうちのひとつだったのだろう。

中世後期の太田道灌《どうかん》（一四三二〜八六）は江戸城から見た神田の眺めを「わが宿は　松原つづき　海近く　富士の高嶺を　軒端《のきば》にぞ見る」と詠んだ。将門塚の地はもともと海岸だった。その近くにある日比谷公園は慶長一一〜一二年（一六〇六〜〇七）に埋め立てられるまで、「海近く」と歌われる入江であった。

長らく水地だったところに将門の首が埋葬されていたとは考えにくい。近世まで祭祀の記録がなく、ただ猿楽だけが行われていたというのも唱門師の生業と結びつく。

丸山氏によれば、いまの将門塚はもともと唱門師が大己貴命（または素戔嗚尊）を祀る地であった。かつて禁中行事に参る唱門集団が「大黒党」と呼ばれていたように、唱門師と大黒＝大己貴命信仰の関係はとても密接だった。

それが徳川時代に移転され、江戸市街の人口増加が加わると、急成長して格が騰がった。

また、民間で地誌が愛読されるようになると、格式ある由緒が求められることになった。

将門塚は無名の「大塚」だった

最後に同説の裏付けとして、『慶長見聞集《けいちょうけんもんしゅう》』〔巻一〇〕「神田大塚にて行人火定《ぎょうにんかじょう》の事」を挙げておきたい。のちに『北条五代記』をまとめた三浦浄心の著作である。

慶長二年(一五九七)六月一五日、「神田の原大塚」で「行人火定」が開催され、貴賤の群衆が集まった。

火定とは、修行僧の「行人」が、焚き火に飛び込んで自殺する凄絶な儀式である。『南総里見八犬伝』の犬山道節《どうせつ》が、修験者の装束を身にまとい、「円塚山」の地で「火定」を演じるシーンは有名だ。行人たちは雑用で稼ぎを得るような身分の低い聖職者だった。かれらは次々と自ら火に焼かれて死んでいった。翌日、人気のない跡地には人骨の混ざった灰ばかりが残された。

この「神田の原大塚」が、神田明神と将門塚の前身だろう。当時、京都の豊臣秀吉は、陰陽師と唱門師に弾圧を加え、地方へ追放した。行き場を失ったかれらは、その後の史料にほとんど姿を見せなくなるので、多くは生業を捨てたと考えられる。

中には新たな職を得られない者もいただろう。現代社会ですら転職は容易ではない。まして求職者支援制度もない時代では、行き着くところも限られてくる。

群衆は行人たちの自殺を「ありがたき事」と手を合わせながら見送った。だが、焼けて骨になればそれっきりである。遺体はその「大塚」に埋葬されたのだろう。

神田明神と将門塚に確かな由緒を示す史料を探し出せないのは、こうした名もなき民の霊場だったからではないだろうか。

後年に増築される江戸城は神田の眼前にあった。関ヶ原と大坂の陣を経て、江戸は地方大名の田舎町から徳川将軍の城府となり、近世日本の首都に様変わりしていく。

近隣住民は大塚がなぜそこにあるのか忘れていたが、それがとても尊い霊場であることだけは覚えていた。また唱門師たちのうちに「同音の相通ずるところ」から、自らを「将門の子孫なり」と称する者もあった（中山一九三二）。こうして謎の大塚が「声聞塚」となり、やがて同音の将門に結びついたのである。

不死の首伝説は一六世紀の三浦義意から

ところで将門の首伝説は、中世の伝説から剽窃されたものらしい。元ネタは、寛永一八年（一六四一）に出版された『北条五代記』［巻之九］「三浦介道寸父子滅亡の事」である。

永正《えいしょう》一三年（一五一六）七月、北条早雲に居城を囲まれた三浦義意《よしおき》が自害した。義意の首は三年間も生き続け、見る人を苦しめた。高僧たちが祟り停止の祈禱をしたが、まるで効果がなかった。そこへ通りがかった小田原の禅僧が魂を鎮める歌を詠みあげた。すると首は目を閉じて髑髏になったという。

この話は後年に浅井了意が描いた将門の首伝説にそっくりである。伝説の発端はこれの翻案が起源と見ていいだろう。

便なき者を顧み、力を託す平将門

以上、神田明神と将門塚の成り立ちを追ってみた。

これらの通りなら、名もなき貧しい唱門師たちの埋葬地は、将門の威名によって保護されてきたことになる。

ちなみにこの塚が将門塚《ショウモン》と呼ばれるようになったのは、明治四〇年（一九〇七）に刊行された『平将門故蹟考』の冒頭に「平将門の冢は明治の昭代に顕れたり」と書かれてからのことである（光田二〇一七）。そもそも将門はあくまでも〝まさかど〟であって〝ショウモン〟ではない。

だが、それでも将門は死してなお、その存在感をもって、寄る辺なき人々の霊場を護り続けた。「侘び人を救って気を述べ、便《たより》なき者を顧み、力を託す」の魂がそこに生きているわけである。

わたしも将門塚で出会ったあのときの老紳士のように、碑石に手を合わせた。その史蹟と霊場において、将門はいまもなお生き続けている。

おわりに

初めはこれが将門にとって望ましい一冊となるか心許なかった。しかし、「天罰」によって沈黙させられた死者の意思など確かめようがない。かれはもはや神仏の救いを得られない存在である。ならばその魂はわれわれが救うほかないだろう。そう思って理非を問わず、奈落の底まで探索に赴いた。本書はそうした蛮勇の産物である。

歴史の本義と物語の力

歴史の本義は人と人とが織りなす物語にあるだろう。天も地も人の営みを見ない。人だけが人に物語を見出せる。

われわれは将門を克服した王朝を戴いている。あのとき将門は国難として王朝を脅かしたが、坂東にすれば自分たちの声を代弁する希望の光でもあった。

しかし坂東の期待に応えた将門は、王朝と自らを推戴する坂東の武夫の離反によって敗死した。その後、坂東は『将門記』の物語をもって王朝の物語と講和した。

こうして国難を克服した王朝は、改めて神話以来の物語を語る自律性と、物語として語られる正当性を獲得した。

ここに強度を備えた物語は、その後に現れる武家政権を、おのずから王朝の支配下に進ませる仕掛けとなった。おかげで日本に易姓革命は起こらなかった。物語の力とはまさにこれである。

怨霊を打ち払ったあと

将門は謂れなき戯言に弄ばれるうち、怨霊の属性を帯び、虚像に支配されていった。祟ってもいないのに鎮められたことにされ、勅勘を被ってもいないのに勅許がされたとされ、そのあともことあるごとに災厄の原因を囁かれて、恐怖の化身に転じさせられたのである。だが、人の力で作られた怨霊は、人の力で打ち払える。あれから一千年あまりが過ぎた。いまの日本には、将門を朝敵や怨霊に仕立てることなく、その事蹟を率直に語る余裕があろう。それがまたこの国の歴史を豊かにしていく。

本書の仕事はこれで終わったので、擱筆させていただきます。最後になりましたが、型破りな原稿を丁寧に編んでくれた丸山勝也さん、ここまで読み通してくれた皆様に心よりお礼申し上げます。

平成末年　早春　　　　乃至政彦

付録　平将門関連年表

延喜二年（902）

三月一三日　太政官より律令に追加法の官符が発布される。この頃までに出された追加法には、絶えて久しい班田の励行や、中央有力者の自由開発から現地の農民を守ること、または中央と現地の有力者が結託して閑地や荒田を一方的に荘園化しないことが見える（類聚三代格）。

延喜三年（903）

二月二五日　従二位・菅原道真、大宰府で薨去（日本紀略・公卿補任・扶桑略記）。

同年　平将門誕生という説もあるが、根拠となる史料はない。

延喜九年（909）

四月　四日　左大臣正二位・藤原時平、薨去（日本紀略・貞信公記・西宮記・扶桑略記）。享年三九。

五月一一日　時平の弟・藤原忠平、蔵人別当に任じられる（公卿補任・貞信公記）。

延喜一一年（911）

五月二四日　平高望、死去。享年七三（千葉大系図）。

延喜一六年（916）

八月　藤原秀郷、下野国で問題を起こし、「罪人」として一族とともに配流を命じられる（日本紀略）。

延長五年（927）

契丹、渤海国を滅ぼす（将門記）。

延長七年（929）

五月二〇日　藤原秀郷、下野国での乱暴ぶりが報告される（扶桑略記）。この頃、源護は常陸大掾を引退、平国香に譲り、真壁郡真壁全体という荘園に住む（小栗の御厨大国魂神社の社領を除く）。

延長八年（930）

二月　京都近辺で飢饉。病人多発するが、収容・保護する施設がなく、義倉からかれらに「大男・大女、日各米一升、塩一夕、滓醬《かすひしお》一合。小男・小女、日各米六合、塩五撮、滓醬五夕」を支給（政事要略）。

延長九年・承平元年（931）

女論により平良兼と対立（将門略記）。亡父良持の遺領を巡り、良兼と争う（今昔物語集）。

承平二年（932）

九月二〇日　常陸太守（常陸守）・貞真親王薨去。享年五七（貞信公記）。この前後より常陸国の治安が乱れたと見られる。

同年　追捕海賊使定（貞信公記）。

同年　藤原純友が伊予掾として四年間、下向（松原一九九九）。

承平四年（934）

一二月　土佐守の任を終えた紀貫之が（海賊のいる海を抜けて）帰京する（土佐日記）。

同年　藤原子高が越後守として下向するが、神事も公事もなさないうちから三島郡に入り、僧侶に引見して法華経を求めたという（今昔物語集）。

承平五年（935）

二月　はじめ平良兼と争っていた平将門は、同月に「次被語平真樹、承平五年二月与平国香並源護合戦」（歴代皇紀）。

二月　二日　野本合戦、平国香戦死する（和漢合図抜萃／続群書類従三〇上）。四日、源護と争い、その子息らを討ち取る。
二月一九日　戌刻（午後八時頃）に地震（扶桑略記）。
同月　紀貫之帰京か（紀貫之集・土佐日記）。
三月　六日　延暦寺が焼亡する（日本紀略・扶桑略記）。
三月　七日　もと丹後守の大中臣定行が下野守に任じられる（類聚符宣抄）。同日、延暦寺造営。
四月　四日　夜、京都に霜が降る（扶桑略記）。
四月一五日　戌～辰刻、大地震（日本紀略・僧綱補任・東大寺雑集録）。
六月二八日　南海道に横行する海賊の追捕を願う祈禱が、山陽と東海にて行われる（日本紀略・本朝世紀）。
一〇月二一日　平将門と平良正が新治郡の川曲村で合戦する。
一二月一三日　延長三年以来の武蔵国の減税が検討される（西宮記）。
一二月二一日　武蔵国重減省が官奏される（西宮記）。

承平六年（936）

二月二七日　もと周防守の高階師尚が信濃守に任じられる（類聚符宣抄）。
三月　五日　海賊横行する（日本紀略）。
八月一九日　左大臣藤原忠平が太政大臣に任命される（日本紀略・公卿補任）。同日、平将門と藤原純友が比叡山に登り、ともに平安京を見下ろしながら反逆の謀議を凝らしたという伝承もある（将門純友東西軍記）。
一〇月一七日　将門上洛し、京都の検非違使庁より裁きを受ける。
一〇月二六日　下野国境で平良兼と合戦。南海道に横行する海賊の追捕を命じられた伊予守・紀淑人と藤原純友が、これらと戦って、帰降させる（本朝続文粋・将門純友東西軍記）。

承平七年（937）

一月　四日　朱雀天皇の元服。

二月一七日　藤原秀郷が書いたとされる願文案［南中区有文書：一号］が今日に伝わる（大阪一九八〇）。これによると、秀郷は武蔵守兼上野守として春日大明神（天津児屋根之尊）に、坂東諸国の軍勢を催す平将門の「追罰」を祈願している。しかし当時の坂東情勢と一致しないことから、後世の創作が疑われる。
四月　七日　平将門、大赦により許される。
五月一一日　将門、帰国する。
七月一六日　皆既月食があった（小右記［長元四年七月二四日条］）。
八月　六日　平良兼、常陸・下総国境の子飼の渡にて平将門を襲い、これを破る。将門、良兼に妻子を奪われる。
九月二三日　以降、平良兼を探索する平将門が、弓袋山の敵と対陣。その後、撤退。
一一月　五日　太政官符がくだされ、常陸国の平良兼・貞盛らを将門が追捕せよと坂東諸国が命じられた。
一一月一三日　富士山噴火（宮下文書［『高天原変革史』］・日本紀略）。
一二月一四日　将門、良兼に買収された従者に離反され、石井営所で夜討ちを受けるがこれを迎撃。

承平八年・天慶元年（９３８）

二月二九日　追捕対象とされる平貞盛が上洛を試みるが、信濃国小県郡国分寺付近で平将門の追撃を受ける。貞盛、敗北して逃走する。
同月　武蔵国庁にて権守・興世王と介・源経基が、足立郡司・武蔵武芝と対立。
四月一五日　亥刻、京都で大地震（日本紀略・貞信公記・扶桑略記・山槐記・康富記、岩清水文書二八八号・一九六号）。多くの舎屋が倒壊。
五月　京都で妖言が絶えず、秋には街区ごとに奇怪な木神像が置かれた。東国でも争乱が生じ、武蔵国で橘近安、伊豆国で平将武の追捕が命じられた。
六月　この年か、百済貞連の赴任と入れ替わりに六月に武蔵守藤原維幾が常陸介に転出していて、のちの藤原玄明の事件と関係の深い維幾がこのときの武蔵の紛争にも関与している形跡がある（政事要略、外記日記）。

一〇月　　　陸奥守に任じられた平維扶が下野国に立ち寄る。これに常陸大掾・平貞盛が同行しようとするが、果たせず。
一一月　三日　伊豆国の報告を受けた太政官符によって、駿河・伊豆・甲斐・相模の諸国へ、平将武の追捕支援が定められる（本朝世紀）。

天慶二年（939）

二月　九日　東西「東賊平将門・西賊純友余党」の追討を祈禱（大神宮諸雑事記）。
二月一二日　藤原忠平、平貞盛の訴えで平将門の召喚を検討する（貞信公記）。
三月　三日　武蔵介・源経基、上洛して武蔵権守・興世王ならびに平将門の謀反を訴える（貞信公記）。
同日　　　将門、武蔵国庁に興世王と武芝を和睦させるため、出兵する。
三月　九日　坂東情勢への不安から、一一社と延暦寺にて東西兵乱の鎮圧が祈禱される（貞信公記）。
三月二五日　摂政・藤原忠平、（源経基の密告からといわれるが、実際には貞盛の訴えが原因）将門本人に使者を遣わし、謀反の実否を尋ねる（将門記・今昔物語集・仁和寺旧記）。
四月一一日　出羽介・保利、城司に赴任する（貞信公記）。
四月一四日　賀茂祭。鴨川で洪水（日本紀略）。
四月一七日　出羽国にて俘囚の反乱。秋田城で合戦。出羽国の精兵を訓練させ、急ぎ要害を固めさせ、国内の浪人・高家・雑人を軍役に充てる（日本紀略・本朝世紀・貞信公記）。
四月二九日　京都で盗賊が多発のため、衛府や馬寮による捜索がなされた（本朝世紀）。なお、この春から米が高騰（本朝世紀）。
五月　二日　平将門より「諸国之善状」をもって、自身の潔白を藤原忠平に上申する。これが認められ、将門への恩賞功課が進められる。
五月　五日　藤原忠平、平伊望を坂東諸国に遣わして、部内粛清の官符をくだす（貞信公記）。
五月　六日　出羽国で俘囚の反乱が続く。秋田郡官舎が略奪に遭う（日本紀略・本朝世紀・貞信公記）。

五月一五日　伊勢・岩清水諸社と東海・東山の両山に兵乱平定の祈禱をなさしめる（貞信公記）。
五月一六日　臨時の除目を行い、武蔵守以下を任じる。任じられたのは前上総介百済王貞連［彼の妻は興世王の妻と姉妹関係］。同時に、相模権介・橘是茂、武蔵権介・小野諸興、上野権介・藤原維条も定められた（本朝世紀・貞信公記・類聚符宣抄）。
同月　武蔵守として百済貞連が新任される。その後、これに迫害されたことで、武蔵権守・興世王が出奔。下総国・将門のもとへ逃れる。
六月　一日　坂東謀逆につき、諸社及び一五大寺にて読経・修法（本朝世紀・貞信公記・柳原家記録）。
六月　七日　臨時の陣定があり、武蔵密告使に源俊・高階良臣らを任じる（本朝世紀・貞信公記）。しかし誰も進発せず。
同月上旬　平良兼が「六月上旬をもって病の床に伏しながら鬢髪を剃り除きて卒去」する。
六月二一日　変乱の卜占。東海・東山で祈禱。同日、群盗追捕の官符を先月一六日に任じた権介らにくだす（本朝世紀）。
同月中旬　平貞盛が将門召喚の官符を携えて帰国する。
この頃、常陸介・藤原維幾の息子・為憲が同国の藤原玄明を圧迫。常陸守の言を聞き入れず、平将門の庇護を受けに出奔する。
七月　五日　朝廷、東国兵乱を鎮めるために祈禱（貞信公記）。
七月一八日　出羽国、兵士に武具と兵糧を宛行われる。秋田城介・源嘉生、譴責される（本朝世紀）。
同月　諸国で「炎旱」といわれる旱魃（本朝世紀）。
八月　尾張国で国守が射殺される（貞信公記・日本紀略）。
八月二〇日　太政官、官符を諸国にくだし、仏像と塔婆一万を補修せしめる（日本高僧伝要文抄）。
九月二六日　太政官、この日から七日間、祇園社に南海の海賊平定を祈禱せしめる（貞信公記）。
一〇月　二日　まだ動かないでいた問密告使が、兵士動員につき、医師の同陣を要請する（貞信公記）。
一〇月一八日　巳刻（午前一〇時頃）、京都で「地震」（本朝世紀）。

一一月二一日　平将門、藤原玄明の追捕撤回のため、常陸国へ出兵。長官藤原維幾を捕獲して、三〇〇戸余を焼き払い、印鎰を手にする。

一二月　四日　藤原忠平に、源俊が徴兵を要請する（貞信公記）。

一二月一一日　平将門、下野国庁を襲撃し、長官の藤原弘雅を追い、印鎰を奪う。弘雅、京都に逃れる。

一二月一五日　平将門、上野国庁に赴き、介藤原尚範より印鎰を奪う。この日、藤原忠平・師氏に書状を記す。

一二月一七日　伊予から藤原純友が随兵を従えて上洛を企てたとの知らせが都に達する。

一二月一九日　密告使の進発を二八日と定める（貞信公記）。

同日　平将門、新皇に即位する。

一二月二一日　藤原純友の乱悪につき、伊予国掾を解き、官符を摂津、丹波、但馬、播磨、備前、備中、備後にくだすことが決まる（日本紀略・本朝世紀・貞信公記）。

一二月二六日　藤原純友の士卒あるいは藤原文元が上洛を急ぐ摂津国の備前介・藤原子高を襲撃（日本紀略・貞信公記）。

一二月二九日　太政官に藤原純友の反乱が報告される。また、信濃国に逃亡した坂東の諸国司から、将門や興世王が坂東諸国の国庁を襲撃したとの一報がもたらされる（本朝世紀）。摂政太政大臣・藤原忠平と公卿らは、忠平の執務所である職御曹司《しきのみぞうし》に集まり、忠平と左大臣・仲平（忠平の兄）は清涼殿の殿上に、公卿たちは宜陽殿《ぎようでん》の議所にわかれ、公卿らが信濃国からの奏上を開き、これが「内覧」を司る忠平に「奏聞」された。そこで忠平と公卿たちは京都内外を警備する固関所や警固使らの人選を行った（佐々木二〇一一）。

一二月二九日　入京した武蔵守・百済貞連が殿上に召され、ことの発端を尋ねられる（日本紀略）。

天慶三年（940）

一月　一日　忠平が東海・東山・山陽道の追捕使を定める（貞信公記、日本紀略）。この日、恒例の元日節会はあったものの、天皇の出御はなく、音楽も奏されなかった（佐々木二〇一一）。

一月　三日　七壇修法。平将門と藤原純友の調伏を祈る（貞信公記・明匠略伝・阿娑縛抄）。
同日　宮城に矢倉建築（吾妻鏡）。
一月　六日　畿内各所で東西の乱平定を願う祈禱がなされる（師守記・鴨脚秀文文書・貞信公記）。
一月七・一二日　東西兵乱鎮圧のため、伊勢神宮に祈禱を要請（日本紀略・小右記・大神宮諸雑時記・貞信公記）。
一月　九日　武蔵介・源経基の密告を賞し、問密告使・源俊らを解任する（日本紀略）。
一月一一日　太政官、将門と副将を殺害する者に「朱紫の衣」と「田地」の恩賞を賜る旨の官符を、東海道と東山道にくだす（本朝文粋・日本紀略）。
一月一二日　京都の防備を固める（貞信公記）。
一月一四日　小除目があり、「追捕凶賊使」が定められる。平公雅・橘遠保ら八人を東国の掾に任じたが、藤原忠平の兄・仲平がこれに不満の色を見せて退出したことで、忠平は「人臣の道に外れている」と嘆いている（日本紀略・貞信公記・園太暦）。太政官も一枚岩ではなかった。
一月一九日　参議・藤原忠文を征東大将軍に任命する（佐々木二〇一一）。
一月二二日　横川にて将門調伏のため、六日間、大威徳法を修す（拾遺往生伝）。
一月二五日　太政官に、遠江・伊豆など諸国からの連署で、官符使・卜部松見が群賊に官符を奪い取られ、岫崎関が凶党に打ち破られたことと賊兵が駿河国分寺を包囲し略奪行為に及んだことが報じられた（日本紀略）。三日後、これに対して三河・尾張国から援軍が派遣された（貞信公記）。駿河国の侵攻は、伊豆国の平将武によるものだろう。
一月二七日　中納言・藤原師輔（忠平次男）は緊急措置として、相模介に藤原国幹を、下総守に安倍恒鑒を、上野介に平清幹、下野守に大江朝望を任命する（類聚符宣抄）。
同月下旬　将門、吉田郡に兵を入れたあと、多くの兵を帰国させる。平貞盛、藤原秀郷、これを攻める計画を立てる。
二月　一日　将門、下野国にて敗北。川口村で追撃され、猿島郡の広江に逃亡。虚をついた下野押領使・藤原秀郷と常陸大掾平貞盛の勝利。

二月　三日　朝廷が藤原純友を懐柔するため、従五位下を授ける使者を派遣する（貞信公記）。これにより瀬戸内海における純友の活動は比較的平穏となる。
二月　五日　淡路国が襲撃され、兵器が奪われたとの報告が入る（貞信公記）。
同日　賊徒降伏のために臨時の仁王会が行われる。
二月　八日　朱雀天皇が紫宸殿において、征東大将軍・藤原忠文に「節刀」を授与して進発させる（日本紀略）。節刀とは、天皇の権能を一部委任することを意味する指揮刀である。なお、これから二四〇年ほどあとの木曽義仲まで大将軍任命の例はない（佐々木二〇一一）。
二月一三日　下総国境で将門の舎宅や領民の家屋が、平貞盛・藤原秀郷連合軍に放火される。
同日　将門戦死。その後、将門に与した者や一族が斬殺される（日本紀略）。
二月二二日　藤原純友が海路より上洛を企図しているとの報告（貞信公記）。
二月二六日　藤原忠平の次男・師輔の日記に将門が一万三〇〇〇の兵を率いて陸奥・出羽国への出兵を企てていると記される（九条殿記）。
三月　論功行賞が進められた。
四月二五日　下野国の藤原秀郷・平貞盛による解文とともに平将門の首が京都に届けられる。首は東市の門外の樹に懸けられて、群衆に披露された（貞信公記・師守記）。
同日　公家が仁王会を修し、大法師を選んで待賢門講師になす。この日、将門の首が届く（拾遺往生伝）。
六月　『将門記』成立する（将門記）。
七月　七日　将門の弟である将頼、武蔵国多摩郡中野の原にて藤原秀郷の子千晴と戦い、河越で討たれたとの伝がある（江戸砂子）。

天慶四年（941）

五月一九日　藤原純友らが大宰府を攻略したことを小野好古が急報する（日本紀略）。
五月二〇日　小野好古が博多津で純友軍を破る（本朝世紀・将門純友東西軍記）。

六月二〇日　藤原純友が伊予国日振島にて伊予警固使・橘遠保に射殺され、首級をあげられる（師守記）。
一一月　八日　太政大臣・藤原忠平が摂政から関白に転じられる（扶桑略記・公卿補任）。

天暦元年（９４７）

閏七月二四日　藤原秀郷より「将門兄弟叛すべき事、功田を賜うべき事」などを奏す（貞信公記）。

天徳四年（９６０）

一〇月　二日　平将門の男子が上洛するという噂のため、検非違使が動員される（扶桑略記）。

長元元年（１０２８）

六月二一日　平良文の孫・忠常は将門以上の有力者となり、大乱を起こした。三年後、降伏した忠常は京へ移送される途中に病死した。

主要参考資料

青木和夫『日本の歴史〈3〉奈良の都』中公文庫、二〇〇四
青木祐子「榛名山東南麓の千葉氏伝承：自社縁起を中心に」／『学習院大学大学院日本語日本文学』［一一号］、二〇一五
赤城宗徳『将門地誌』毎日新聞社、一九七二
阿久津久『尾崎前山：茨城県結城郡八千代町尾崎前山』八千代町教育委員会、一九八一
足立忠夫「『行政階級論』序説」／『法と政治』［第六巻三号］、一九五五
網野善彦『日本の歴史をよみなおす』筑摩書房、一九九一
網野善彦『「日本」とは何か：日本の歴史〈00〉』講談社、二〇〇〇
荒井庸夫『平将門論』大同館書店、一九二三
荒井秀規『覚醒する〈関東〉（古代の東国3）』吉川弘文館、二〇一七
有富純也「百姓撫育と律令国家：儒教的イデオロギー政策を中心に」／『史学雑誌』［一一二号］、二〇〇三
有富純也『日本古代国家と支配理念』東京大学出版会、二〇〇九
五十嵐力『軍記物語研究』早稲田大学出版部、一九三一
石井義長『空也』ミネルヴァ書房、二〇〇九
石下町史編さん委員会編『石下町史』石下町、一九八八
石塚秀雄「『将門記』研究を大観する：『将門書状』を読み解くために」／『教育総合研究：日本教育大学院大学紀要』［四号］、二〇一一
石塚秀雄「『将門記』の探求（1）：「将門書状」を読み解く」／『教育総合研究：日本教育大学院大学紀要』［五号］、二〇一二
伊藤一男『妙見信仰と千葉氏』崙書房、一九八〇
糸賀茂男「常陸平氏論序説」／『史学』［五〇号］、一九八〇
井上孝夫「畠山重忠と鉄の伝説」／『千葉大学教育学部研究紀要Ⅱ：人文・社会科学編』［四八］、二〇〇〇
今福匡『前田慶次と歩く戦国の旅』洋泉社歴史新書y、二〇一四
磐下徹「郡司任用制度の一考察」『関東学園大学紀要』［二一号］／二〇一三
上島享『日本中世社会の形成と王権』名古屋大学出版会、二〇一〇
大阪大学文学部国史研究室「中南区有文書」／『大阪大学文学部紀要』［巻二〇］、一九八〇
大津雄一「軍記と九世紀」／『日本文学』［四九号］、二〇〇〇
大森金五郎『武家時代之研究』［巻一］冨山房、一九三七
岡田清一『中世相馬氏の基礎的研究』崙書房、一九八二
岡田清一『相馬氏の成立と発展』戎光祥出版、二〇一五
尾形鶴吉『本邦俠客の研究』博芳社、一九三三
奥野中彦「九世紀末〜十世紀の新軍事力構成と初期武家の組織：平将門の乱を中心として」／『国士舘史学』［三号］、一九九五
織田完之『国宝将門記伝』会通社、一九〇五
織田完之『平将門故蹟考』碑文協会、一九〇七
小田切敏雄「天平四年節度使再考」／『法政史学』［七〇号］、二〇〇八
海音寺潮五郎『平将門』［上・中・下］大日本雄弁会講談社、一九五五〜一九五七（新潮文庫、一九六七）
梶原正昭『将門記1・2』平凡社、一九七五・一九七六
学研『風と雲と虹と：平将門の時代』学習研究社、一九七五
川尻秋生「将門の乱と陸奥国」／『古代東国史の基礎的研究』塙書房、

二〇〇三
川尻秋生『平将門の乱』吉川弘文館、二〇〇七
川尻秋生『揺れ動く貴族社会（全集・日本の歴史四）』小学館、二〇〇八
川尻秋生『坂東の成立：飛鳥・奈良時代（古代の東国一）』吉川弘文館、二〇一七
喜田貞吉「声聞師考」／『民族と歴史』［第三巻第六号］、一九二〇
北村淳・北村愛子『アメリカ海兵隊のドクトリン』芙蓉書房出版、二〇〇九
北山茂夫『平将門』講談社学術文庫、二〇〇五（朝日新聞社・一九七五）
鬼頭宏『図説 人口で見る日本史：縄文時代から近未来社会まで』PHP研究所、二〇〇七
窪田蔵郎『増補改訂・鉄の民俗史』雄山閣出版、一九九一
倉本一宏『藤原道長の日常生活』講談社現代新書、二〇一三
小出義治「奈良・平安時代の考古学的研究Ⅰ：竪穴住居の系譜とその復原的考察」／『基礎科学論集：教養課程紀要』［巻一］一九八三
幸田露伴『日本史伝文選』［上巻］大鐙閣、一九一九
国立天文台編「日本付近のおもな被害地震年代表」／『理科年表・平成三〇年』［第九一冊］丸善出版、二〇一七
古典遺産の会編『将門記・研究と資料』新読書社、一九六三
小町谷照彦編『古典文学基礎知識必携』學燈社、一九九二
米谷豊之祐「検非違使覚え書き」／『大阪城南女子短期大学研究紀要』八号、一九七三
米谷豊之祐「瀧口武士考序説：特に十二世紀後期における様態」／『大阪城南女子短期大学研究紀要』［九号］、一九七四
小山真人「歴史時代の富士山噴火史の再検討」／『火山』［四三号］、一九九八
斎藤隆三『守谷志』私家版、一九〇〇
佐伯有清・坂口勉・関口明・追塩千尋『研究史・将門の乱』吉川弘文館、一九七六
坂上康俊『摂関政治と地方社会』吉川弘文館、二〇一五
坂本賞三『日本王朝国家体制論』東京大学出版会、一九七二
佐々木恵介『受領と地方社会』山川出版社、二〇〇四
佐々木恵介『天皇と摂政・関白』講談社、二〇一一（講談社学術文庫、二〇一八）
佐々木恵介『平安京の時代：日本古代の歴史四』吉川弘文館、二〇一四
佐々木虔一『古代東国社会と交通』校倉書房、一九九五
佐藤健太郎「古代日本の牛乳・乳製品の利用と貢進体制について」／『関西大学東西学術研究所紀要』四五号、二〇一二
史蹟将門塚保存会『史蹟将門塚の記』史蹟将門塚保存会、一九六八
下向井龍彦「王朝国家国衙軍制の成立」／『史学研究』［一四四号］、一九七九
下向井龍彦「王朝国家国衙軍制の構造と展開」／広島大学『史学研究』［一五一号］、一九八一
下向井龍彦「警固使藤原純友：承平六年における藤原純友の立場の再検討を通して」／『芸備地方史研究』［一三二号］、一九八一
下向井龍彦「武士形成における俘囚の役割——蕨手刀から日本刀への発展：国家と軍制の転換に関連させて」／『史学研究』［一二八

号」、二〇〇〇
下向井龍彦『武士の成長と院政』講談社、二〇〇一（講談社学術文庫、二〇〇九）
社会工学研究所『日本列島における人口分布の長期時系列分析：時系列推計と要因分析』社会工学研究所、一九七四
荘園史研究会編『荘園史研究ハンドブック』東京堂出版、二〇一三
鈴木哲雄『中世関東の内海世界』岩田書院、二〇〇五
鈴木哲雄『平将門と東国武士団』吉川弘文館、二〇一二
高島正憲「古代日本における農業生産と経済成長」／『社会経済史学』［八一号］、二〇一六
高梨素子『松永貞徳と烏丸光広』（コレクション日本歌人選０３２）笠間書院、二〇一二
武田昌憲「将門の首伝説小考：筑土・神田・鳥越」／『茨女国文』［一五号］、二〇〇三
田中徳定「北野天神縁起における尊意の説話について」／『駒澤國文』［二七号］一九九〇
寺内浩「天慶の乱と承平天慶の乱（1）、（2）」／『愛媛大学法文学部論集』［三四号、三五号］二〇一三
寺内浩「地方支配の変化と天慶の乱」／『岩波講座・日本歴史［第四巻］古代四』岩波書店、二〇一五
佃与次郎『将門公正伝』築土神社社務所、一九二八
土田直鎮『古代の武蔵を読む』吉川弘文館、一九九四
東京工業大学製鉄史研究会『古代日本の鉄と社会』平凡社、一九八二
内閣印刷局『職員録：昭和二年一月一日現在』内閣印刷局、一九三五
永原慶二『日本封建制成立過程の研究』岩波書店、一九六一年
中山茂『真説平将門』新人物往来社、一九八五
中山太郎『日本民俗学［第1－4］随筆篇』大岡山書店、一九三〇－三一
林睦朗編集『論集 平将門研究』現代思潮社、一九七五ａ
林陸朗『史実平将門』新人物往来社、一九七五ｂ
原田信男『中世村落の景観と生活：関東平野東部を中心として』思文閣史学叢書、一九九九
福田豊彦「王朝軍事機構と内乱」／『岩波講座日本歴史４』岩波書店、一九七六
福田豊彦『平将門の乱』岩波新書、一九八一
福田豊彦『千葉常胤』吉川弘文館、一九八七
福田豊彦『東国の兵乱ともののふたち』吉川弘文館、一九九五
福田豊彦「『将門記』への手引き」／『平将門資料集（新装版）』新人物往来社、二〇〇二
藤沢衛彦『日本伝説研究』［第二巻］大鐙閣、一九二五
藤田佳希「王権から見た武士：武士・将種・兵」／『早稲田大学大学院文学研究科紀要』［第四分冊五九号］、二〇一三
朴恩姫「崇徳院の怨霊と後白河院、そして清盛：崇徳院怨霊譚の物語化の問題をめぐって」／『文学研究論集』［二〇号］、二〇〇二
星野恒「将門記考：附将門記略」／『史学会雑誌』［一・二号］、一八九〇
真壁郡物産共進会協賛会編『真壁郡案内』真壁郡物産共進会協賛会、一九二〇年
増田忠信「『今昔物語集』と『将門記』に見える兵［つはもの］像について」／『人間文化研究』［一号］、二〇一四

松崎憲三「塚をめぐるフォークロア：將門塚・道灌塚の分析を中心に」／『日本常民文化紀要』［一八号］、一九九五
松原弘宣『藤原純友』吉川弘文館、一九九九
松本裕之「推問・勘問と推問使について」／『駒澤史学』［五一号］、一九九八
丸山忠綱「平将門と神田明神と唱門師」／『法政大学史学会会報』［五巻］、一九五三
光田憲雄「風俗史考証 神田明神と将門伝説・首塚伝説のはじめ」／『風俗史学』［六四号］二〇一七
南和夫『江戸の町奉行』吉川弘文館、二〇〇五
宮森和俊「『将門記』の構想：少過を糺さずして大害に及ぶ」／『日本文学誌要』［四三号］一九九〇
村上春樹『将門記新解』汲古書院、二〇〇四
村上春樹『平将門伝説ハンドブック』公孫樹舎、二〇〇五
村上春樹『平将門─調査と研究』汲古書院、二〇〇七
村上春樹『将門記（物語の舞台を歩く1）』山川出版社、二〇〇八
桃崎有一郎『武士の起源を解きあかす：混血する古代、創発される中世』ちくま新書、二〇一八
森田悌「『将門記』について」／山中裕編『摂関時代と古記録』吉川弘文館、一九九一
森田悌『武蔵の古代史』さきたま出版会、二〇一三
文部省震災予防評議会編『増訂大日本地震史料』［第一巻］震災予防協会、一九四一
八千代町史編さん委員会編『八千代町史 通史編』八千代町、一九八七
山口英男「8・9世紀の牧について」／『史学雑誌』［九五号］、一九八六
山崎謙『平将門正史』三一書房、一九七五
山崎貞子「古代語の時間副詞『時（とき）に』の考察：古代中国語『時』と比較して」／『文教大学国際学部紀要』［一五号］二〇〇五
山瀬一男「明治以降の江戸東京の山車」／『江戸総鎮守神田明神論集』［一号］、二〇一七
山田雄司『怨霊とは何か：菅原道真・平将門・崇徳院』中公新書、二〇一四
山中裕『平安時代大全』KKロングセラーズ、二〇一六
吉川英治『平の将門』六興出版社、一九五二
吉田俊純編『常陸と水戸街道』吉川弘文館、二〇〇一

N.D.C. 210.37　327p　18cm
ISBN978-4-06-515505-9

講談社現代新書　2520

平《たいらの》将《まさ》門《かど》と天《てん》慶《ぎょう》の乱《らん》

二〇一九年四月二〇日第一刷発行　二〇一九年六月五日第四刷発行

著　者　乃至《ないし》政彦《まさひこ》

発行者　渡瀬昌彦

発行所　株式会社講談社
東京都文京区音羽二丁目一二—二一　郵便番号一一二—八〇〇一
電　話　〇三—五三九五—三五二一　編集（現代新書）
〇三—五三九五—四四一五　販売
〇三—五三九五—三六一五　業務

装幀者　中島英樹

印刷所　凸版印刷株式会社

製本所　株式会社国宝社

定価はカバーに表示してあります　Printed in Japan

「講談社現代新書」の刊行にあたって

教養は万人が身をもって養い創造すべきものであって、一部の専門家の占有物として、ただ一方的に人々の手もとに配布され伝達されうるものではありません。

しかし、不幸にしてわが国の現状では、教養の重要な養いとなるべき書物は、ほとんど講壇からの天下りや単なる解説に終始し、知識技術を真剣に希求する青少年・学生・一般民衆の根本的な疑問や興味は、けっして十分に答えられ、解きほぐされ、手引きされることがありません。万人の内奥から発した真正の教養への芽ばえが、こうして放置され、むなしく滅びさる運命にゆだねられているのです。

このことは、中・高校だけで教育をおわる人々の成長をはばんでいるだけでなく、大学に進んだり、インテリと目されたりする人々の精神力の健康さえもむしばみ、わが国の文化の実質をまことに脆弱なものにしています。単なる博識以上の根強い思索力・判断力、および確かな技術にささえられた教養を必要とする日本の将来にとって、これは真剣に憂慮されなければならない事態であるといわなければなりません。

わたしたちの「講談社現代新書」は、この事態の克服を意図して計画されたものです。これによってわたしたちは、講壇からの天下りでもなく、単なる解説書でもない、もっぱら万人の魂に生ずる初発的かつ根本的な問題をとらえ、掘り起こし、手引きし、しかも最新の知識への展望を万人に確立させる書物を、新しく世の中に送り出したいと念願しています。

わたしたちは、創業以来民衆を対象とする啓蒙の仕事に専心してきた講談社にとって、これこそもっともふさわしい課題であり、伝統ある出版社としての義務でもあると考えているのです。

一九六四年四月　野間省一

日本史Ⅰ

1258 身分差別社会の真実——斎藤洋一 大石慎三郎
1265 七三一部隊——常石敬一
1292 日光東照宮の謎——高藤晴俊
1322 藤原氏千年——朧谷寿
1379 白村江——遠山美都男
1394 参勤交代——山本博文
1414 謎とき日本近現代史 野島博之
1599 戦争の日本近現代史 加藤陽子
1648 天皇と日本の起源 遠山美都男
1680 鉄道ひとつばなし——原武史
1702 日本史の考え方——石川晶康
1707 参謀本部と陸軍大学校 黒野耐
1797 「特攻」と日本人——保阪正康
1885 鉄道ひとつばなし2——原武史
1900 日中戦争——小林英夫
1918 日本人はなぜキツネにだまされなくなったのか 内山節
1924 東京裁判——日暮吉延
1931 幕臣たちの明治維新 安藤優一郎
1971 歴史と外交——東郷和彦
1982 皇軍兵士の日常生活 一ノ瀬俊也
2031 明治維新 1858-1881 坂野潤治 大野健一
2040 中世を道から読む——齋藤慎一
2089 占いと中世人——菅原正子
2095 鉄道ひとつばなし3——原武史
2098 戦前昭和の社会 1926-1945——井上寿一
2106 戦国誕生——渡邊大門
2109 「神道」の虚像と実像 井上寛司
2152 鉄道と国家——小牟田哲彦
2154 邪馬台国をとらえなおす——大塚初重
2190 戦前日本の安全保障——川田稔
2192 江戸の小判ゲーム——山室恭子
2196 藤原道長の日常生活 倉本一宏
2202 西郷隆盛と明治維新 坂野潤治
2248 城を攻める 城を守る——伊東潤
2272 昭和陸軍全史1——川田稔
2278 織田信長〈天下人〉の実像 金子拓
2284 ヌードと愛国——池川玲子
2299 日本海軍と政治——手嶋泰伸

Ⓖ

宗教

Ⓒ

哲学・思想Ⅰ

66 哲学のすすめ――岩崎武雄
159 弁証法はどういう科学か　三浦つとむ
501 ニーチェとの対話――西尾幹二
871 言葉と無意識――丸山圭三郎
898 はじめての構造主義　橋爪大三郎
916 哲学入門一歩前――廣松渉
921 現代思想を読む事典　今村仁司 編
977 哲学の歴史――新田義弘
989 ミシェル・フーコー　内田隆三
1001 今こそマルクスを読み返す　廣松渉
1286 哲学の謎――野矢茂樹
1293 「時間」を哲学する――中島義道
1315 じぶん・この不思議な存在――鷲田清一
1357 新しいヘーゲル――長谷川宏
1383 カントの人間学――中島義道
1401 これがニーチェだ――永井均
1420 無限論の教室――野矢茂樹
1466 ゲーデルの哲学――高橋昌一郎
1575 動物化するポストモダン　東浩紀
1582 ロボットの心――柴田正良
1600 ハイデガー＝存在神秘の哲学――古東哲明
1635 これが現象学だ――谷徹
1638 時間は実在するか　入不二基義
1675 ウィトゲンシュタインはこう考えた　鬼界彰夫
1783 スピノザの世界――上野修
1839 読む哲学事典――田島正樹
1948 理性の限界――高橋昌一郎
1957 リアルのゆくえ――大塚英志 東浩紀
1996 今こそアーレントを読み直す――仲正昌樹
2004 はじめての言語ゲーム――橋爪大三郎
2048 知性の限界――高橋昌一郎
2050 超解読！　はじめてのヘーゲル『精神現象学』　竹田青嗣 西研
2084 はじめての政治哲学　小川仁志
2099 超解読！　はじめてのカント『純粋理性批判』　竹田青嗣
2153 感性の限界――高橋昌一郎
2169 超解読！　はじめてのフッサール『現象学の理念』――竹田青嗣
2185 死別の悲しみに向き合う――坂口幸弘
2279 マックス・ウェーバーを読む――仲正昌樹

哲学・思想Ⅱ

日本語・日本文化